_____ 님께

이 책을 통해 더 넓은 연결과
더 따뜻한 소통이 이뤄지길 바랍니다.

초연결시대,
어떻게 소통할 것인가

한국인의 소통, 이성에서 감성으로!

초연결시대, 어떻게 소통할 것인가

민현기 지음

메이트북스

메이트북스 우리는 책이 독자를 위한 것임을 잊지 않는다.
우리는 독자의 꿈을 사랑하고,
그 꿈이 실현될 수 있는 도구를 세상에 내놓는다.

초연결시대, 어떻게 소통할 것인가

초판 1쇄 발행 2019년 12월 2일 │ **지은이** 민현기
펴낸곳 ㈜원앤원콘텐츠그룹 │ **펴낸이** 강현규 · 정영훈
책등록번호 제301-2006-001호 │ **등록일자** 2013년 5월 24일
주소 04778 서울시 성동구 뚝섬로1길 25 서울숲 한라에코밸리 303호 │ **전화** (02)2234-7117
팩스 (02)2234-1086 │ **홈페이지** www.matebooks.co.kr │ **이메일** khg0109@hanmail.net
값 15,000원 │ **ISBN** 979-11-6002-260-5 03190

이 도서의 국립중앙도서관 출판시도서목록(CIP)은 e-CIP홈페이지(http://www.nl.go.kr/ecip)에서
이용하실 수 있습니다.(CIP제어번호 : CIP2019043516)

인생에서 가장 훌륭한 것은 대화다.
그리고 그 대화를 완성시키는 가장 중요한 것은
사람들과의 신뢰관계, 즉 상호이해를 두텁게 하는 것이다.

· 에머슨(미국의 철학자이자 사상가) ·

새로운
DNA의 탄생

4차 산업혁명이라 불리는 세상의 변화 앞에 일상의 많은 것들이 변화의 파도를 일구고 있다. 지금 우리가 경험하고 있는 변화는 이전보다 더 빨라지고 넓어졌으며 더 복잡해졌다. 특히 동일개체 간 연결에서 개체의 성질을 넘나드는 초연결hyper-connection의 등장은 산업 전반이 경계를 허물고 다투는 초경쟁hyper-competition 사회로 진입하게 만들었다. 따라서 이러한 시대 변화를 따라 미래를 준비하는 것은 먹고사는 문제를 포함한 인간의 모든 '삶 살이'에 중요한 화두가 되었다.

초연결시대의 DNA는 '데이터Data, 네트워크Network, 인공지능
AI'을 의미한다. 이렇게 새로운 DNA가 기반이 된 자율주행 차량
과 사물인터넷은 인간보다 먼저 사고하고 판단하며 의사결정을
한다. 초연결시대의 DNA가 지구상에서 수천만 년을 버텨온 인
간의 DNA의 지형을 바꾸게 될지도 모르는 큰 변혁의 시대를 맞
은 것이다. 인간은 막대한 데이터와 이를 처리하는 인공지능, 그
리고 통합하고 다시 연결하는 네트워크에 의존해 편리함을 얻었
지만, 그만큼 인간적인 사고를 덜하는 아이러니를 맞았다.

이제 데이터만으로는 설명하기 어려운 인간 고유의 정서는 철
저히 합리와 이성에 의한 소통체계를 요구받게 될지도 모른다.
클릭 한 번으로 지구 반대편의 새로운 문화와 연결할 수 있는 능
력은 오히려 눈앞에 존재하는 주변 사람들과의 단절을 불러오기
도 한다. **우리는 정말 연결connecting되는 사회에서 살고 있을까?**

약속을 정한다. 장소를 '툭' 하고 '톡'으로 좌표 하나 보내면 스
마트폰은 알아서 최적의 경로를 알려준다. 편리함 덕분에 소통의
지속 시간이 짧아진다. 인공지능이 대신 계산해서 알려준 시간
에 길들여지다 보니 길이 막혀서 늦으면 진심 어린 사과보다 내

비게이션을 먼저 탓하기도 한다. 휴대전화도 없던 시절에는 약속 장소에서 엇갈리지 않으려고 몇 번이고 묻고 답했다. 먼 길을 찾아오는 상대방의 관점에서 생각하고 길을 일러주던, 투박한 소통 방식을 가졌던 그때가 오히려 '연결' 시대는 아니었을까?

물론 시대의 긍정적 변화는 수용하고 맞춰가야 하는 과제다. 그 순기능을 먼저 익혀야 더 윤택한 삶을 누릴 수 있다. 하지만 변화는 과거와의 '단절'이 아니라 과거로부터 성장하는 '과정'의 문제라는 것을 잊으면 안 된다. 현재 우리나라도 변화의 과정에서 과도기를 겪고 있는지 모른다. 점차 다문화 사회로 변해가는 민족적 다양성과 디지털 이방인인 기성세대와 디지털 원주민인 MZ세대가 어울려 살고 있다.

'변화'라는 키워드는 무에서 유를 창조하는 것이 아니라, 기존의 유에서 새로운 유로 전환하고 발전시켜가는 것이다. 그래서 초연결시대에 미래를 준비하면서도 동시에 현재를 돌아봐야 하고, 더 나은 연결을 위해 지금의 연결방식을 점검할 필요가 있다.

우리는 이를 간과하고 있는지 모른다. 통조림 캔을 따기 위해 필요한 것은 따개나 다용도 칼 따위가 아니라 통조림 그 자체라는 것을 말이다. 통조림 캔이 없으면 나머지 노력이 의미가 없어지듯 더 나은 연결을 위해서는 지금의 연결을 완성해야 하고, 더 넓은 소통을 위해서는 현재 머물고 있는 자리에서 소통이 중요하다.

초연결시대의 DNA가 발전하고 있다고 해도 인간의 본질적인 DNA 없이는 한계가 있다. 그리고 그 고유함은 앞으로도 지키고 발전시켜야 할 우선순위에 놓인다. 그래서 우리는 모든 사물이 연결을 추구하는 가운데 인간과의 고유한 연결에 더 관심을 가져야 한다. 전 세계가 거리의 장벽을 넘나드는 글로벌한 일상 속에서, 가장 한국적인 로컬에서 지금 당장 만나는 사람들과의 소통에 집중해야 한다.

모두가 확장과 속도의 소통을 논할 때 가장 기본적인 연결방식에 대한 필요성을 말하다 보니 문득 이런 생각도 든다. 모두가 냉철한 이성적 연결만을 추구할 때 그 안에 따뜻한 감성을 불어넣는 것이 더 큰 경쟁력이 아닐까? 진정한 연결의 주체는 **인공적이지 않은 순수한 '지능'을 가진 인간이니까 말이다.**

민현기

차례 ──

프롤로그 ── 새로운 DNA의 탄생 6

1장 우리 삶에 소통이 중요한 이유

01 ── 삶이라는 여행에서 꼭 풀어야 할 숙제, '소통' 15
02 ── 소통에는 방법론이 존재할까? 22
03 ── 소통은 누군가를 이기는 게임이 아니다 27
04 ── 소통은 서로 간의 상호작용이다 34
05 ── 소통을 모르는 당신과의 소통은 힘들다 41
06 ── 소통은 보이지 않는 것에 대한 이해다 47

2장 한국적 소통의 5가지 키워드

01 ── '우리는 하나!' 집단주의와 공동체 의식 59
02 ── '자네, 그 표정은 뭔가?' 권위와 위계 68
03 ── '아니, 뭐 꼭 그런 건 아니고' 소극적 참여 79
04 ── 보이고 들리는 게 전부가 아니다, 함축적 표현 89
05 ── '정', 한국적 소통의 키워드는 감성 96

3장 한국인의 소통법 솔루션, 감성

01 ─ 과거의 막연한 한국적 '감성'과 이별하자 109

02 ─ 한국인의 감성소통을 만드는 3가지 생각 118

03 ─ 한국인의 감성소통을 위한 3단계 방법론 126

04 ─ 1단계: 보다 민감하게 집중하라 134

05 ─ 2단계: 균형 잡힌 판단력으로 통찰하라 142

06 ─ 3단계: 소통이 이어지도록 반응하라 148

4장 더 나은 소통을 위한 5가지 제안

01 ─ 더 즐겁고 유머러스하게 소통하라 161

02 ─ 감정이 요동칠 때 감정을 다스려라 170

03 ─ 나도 틀릴 수 있다는 생각을 가져라 179

04 ─ 집단에 살되 존중이 살아 숨쉬도록 하라 190

05 ─ 상대가 진짜 듣고 싶은 말을 하라 201

5장 진심 어린 배려와 존중이 기본이다

01 ─ 어쩌면 가장 한국적인 소통문화 213

02 ─ 인간적이거나 인간의 적이거나 222

03 ─ 윤리적 감성소통 실천하기 231

04 ─ 관계를 넘어 공생으로 240

에필로그 ─ 마지막까지 상대방에게 집중하기 251

주 ─ 255

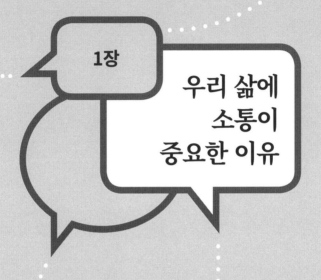

1장

우리 삶에 소통이 중요한 이유

인간은 '삶 살이' 과정 속에 필히 무엇과 '관계'를 맺고 그 관계의 유지와 조율, 확장을 위해 '소통'이라는 도구를 쓰며 살아간다. 소통은 단지 말의 교환 과정인 대화와는 차별화된다. 서로의 생각과 뜻을 상황과 감정, 표현방식을 고려해 전달하고 또 그 과정을 거쳐 해석하는 일종의 복잡성을 내포하고 있는 것이 인간의 소통이다. 그래서 소통이라는 과제는 익숙하지만 '난제'이며 어려운 만큼 중요하게 여겨야 하는 대상이기도 하다.

01 ——————— 삶이라는 여행에서
꼭 풀어야 할 숙제, '소통'———————

'소통'이란 더불어 사는 인간 사이의 그 틈을
'어떤 방식으로 메우고 또 유지하는가'의 문제다.

너 몇 살이야?
정확하게 몇 살이냐고!

"왜 아기는 태어나자마자 한 살이에요?" 아마 우리는 어릴 때 이런 질문을 해본 적이 있을 것이다. 정확한 이유는 알지 못한 채 어느새 자연스러워진 '한국식 나이'다. 물론 이 방식이 우리나라에서만 쓰이는 것은 아니다. 다만 아직도 저물어가는 나이 셈법을 사용하고 있는 몇 안 되는 나라 중 하나가 한국이라는 사실은 분명하다.

혹시 한국식 나이 셈법 때문에 불편을 경험한 적이 있는가? 살아온 날을 정확히 계산하는 다른 나라의 셈법과 비교해 나이 계산을 헷갈리거나 태어난 해는 같지만 살아온 개월 수가 크게 차이 나는 경우 누가 더 연장자인지 논쟁을 해본 경험 말이다. 같은 해의 1월생과 12월생은 무려 11개월 차이가 나는데도 친구가 되는데, 한 달 뒤 태어난 다음 해 출생자는 반드시 동생이 되어야 하는 것에 혼란을 느낀 적이 있지 않은가? 가끔 이런 계산법은 일종의 '소확행'을 느끼게도 한다. 새해가 밝았지만 '만滿'나이로 치면 조금이라도 어리다는 것을 강조할 때 정도 말이다.

왜 이러한 나이 셈법을 썼을까? 이에 대한 의견은 분분하다. 단 하루라도 한 해를 경험한 것을 한 살로 인정한다는 주장과 엄마 뱃속에 있는 태아의 삶을 존중해 10개월(약 40주)을 한 살로 본다는 주장으로 크게 갈린다. 그래서 뱃속 10개월과 생후 100일을 더해 진정한 365일을 맞는 백일잔치가 돌잔치보다 더 큰 의미를 가진다는 기념일설까지 있다. 한편 먹고살기 어려웠던 과거에는 한 살이라도 더 쳐서 장수를 기원했다는 문화적 기원설도 있다.

무엇이 옳은지는 정확하지 않다. 필자는 엄마 뱃속의 삶을 한 살로 인정하는 의견에 한 표를 던진다. 아직 세상의 빛을 보지는 못할지라도 외부의 소리와 감정을 온전히 느끼는 태아를 하나의 인격체처럼 인식해야 한다는 이유에서다.

인간 사회의 소통이
중요한 이유

태아는 엄마 뱃속에서의 삶 10개월 동안에도 이미 결속된 조직 안에서 소통을 하며 살아간다. 태아의 소통은 '듣기'부터 시작하는데, 뱃속에서 엄마의 심장 소리, 소화계 소리, 목소리 등에 노출되어 반응하고 이를 기억한다고 한다. 그리고 17주가 되면 귀가 만들어지고 28주에 청각이 완성되어 35주에 비로소 뇌가 반응한다.[1]

이처럼 사람은 태어나기 전부터 엄마와 연결된 공동체로 10개월의 삶을 산다. 그래서 소통은 세상 빛을 보기 전부터 부여된 인간의 '숙명' 같은 것이다. 엄마와의 교감이 아이의 정서에 영향을 준다는 연구들만 봐도 뱃속이라는 '작은 우주'에서의 10개월은 존중받아야 할 당당한 삶이다.

인간은 출생의 순간 탯줄이 잘려나가지만 삶의 주체자로서 더 많은 사람들과 무리를 지어 살아간다. 간혹 질풍노도의 시기에 가정이라는 조직을 이탈하는 경우도 있지만, 이 역시 새로운 조직에서의 '모둠살이'이자 얼마 가지 못해 투항하는 청춘의 객기일 뿐이다. 인간의 이러한 어울림은 성인이 되어서까지 유지되고 또 그 과정 속에서 더 나은 존재로 성장하며 살아간다.

승려는 출가해 속세를 벗어나더라도 다시 그들의 공동체 속에서의 삶을 영위한다. 간혹 '독살이'라고 해서 그마저도 등을 지고 혼자 살아가는 승려가 있다. 그런데 승려 사이에서도 바람직하지 못한 것으로 인식된다고 하니 '함께 살아가는 것'은 인간에게 주어진 하나의 숙명이 아닐까? 속세에 머무는 우리들에게 함께 살아간다는 것은 어떤 의미이며 함께 '잘' 살기 위해 필요한 조건은 무엇일까? 이는 생과 사의 그 '사이'를 메우고 잘 이끌어가기 위해 우리가 해내야 할 '숙제'는 무엇인가에 대한 질문이기도 하다.

하나의 조직 사회가 잘 굴러가려면 서로가 맡은 역할에 대한 책임을 완수해야 한다. 그러기 위해서는 필히 역할 '사이'를 연결할 수 있는 '소통'이 무엇보다 중요하다. 사기업이나 관공서 등의 조직 내에서도 경제적 보상보다 동료, 상사 간, 그리고 조직의 수평적·수직적 의사소통이 직무 만족도에 영향을 준다는 다양한 연구결과가 있다.[2, 3, 4] 결과가 말해주듯이 의사소통은 우리가 함께 살아가는 데 우선순위에 놓아야 할 매우 중요한 과제라고 할 수 있다. 그러기 위해 한 가지 짚고 가야 할 것이 있다. 소통한다는 것은 말하는 것 혹은 대화하는 것과 같은 의미일까?

사이의 미학

부모와 아이는 문자와 언어의 교류 없이도 어느 정도 소통이 가능하다. 반려견과 주인 간에도 역시 각자의 방식으로 소통을 이어간다. 서로 통한다는 것은 언어를 기반으로 하는 일반적인 대화의 방식과는 분명한 차이가 있다.

대화對話, talk, conversation의 사전적 의미는 '마주해 이야기를 주고받음, 또는 그 이야기'다. 대화에 더해 '생각과 뜻'까지 공유하는 소통은 대화의 상위개념이라고 볼 수 있다. 그렇기에 의사소통을 단순히 문자의 사용이나 말본새, 대화 구조 등의 방법론으로 획일화하기가 어렵다는 뜻이기도 하다.

그럼에도 불구하고 소통이라는 키워드가 교육, 심리, 철학을 망라하고 여전히 스테디steady한 콘텐츠인 이유는 무엇일까? 단어 자체가 품은 범주와 갈래가 매우 크고 다양해서이기도 하지만 그 주체가 인간이기 때문인 것은 아닐까 싶다. 가까운 가족이라도 인간人間 관계의 틈, '사이間'가 존재한다. 결국 소통이란 더불어 사는 인간 사이의 그 틈을 어떤 방식으로 메우고 유지하는가에 대한 문제라고 할 수 있다.

다중의사소통학의 기초를 세운 라스웰H. Lasswell은 의사소통을 "누가 무슨 메시지를 어떤 경로를 통해서 누구에게 어느 정도의 효과를 갖고서 전달하느냐Who says what in which channel to whom what effect"로 정의했다.[5] 풀이하면 의사소통은 '화자-메시지-방식-청자'라는 요소의 긍정적 상호작용으로 본래의 목적을 달성할 수 있게 된다는 의미다.

이처럼 화자(최초 발신자)와 청자 사이에 주고받는 '메시지' 외

소통은 메시지를 방식에 싣고 화자와 청자가 함께 목적지로 향해 가는 과정이다.

에도 이를 전달하는 '방식'이 존재한다. 이 과정 속에 본래 메시지의 의도가 왜곡되는 경우도 있고, 아예 다른 메시지를 보관하다가 갈등이 커지는 일도 생긴다. 이는 화자와 청자라는 사람의 문제가 아니라 그 사이에서 벌어지는 과정에서 발생하는 오류다. 따라서 의사소통은 인간 '사이의 미학'이라고 할 수 있다.

소통이 쉽게
소통될 수 없는 이유

인간의 소통 방식은 기계처럼 디지털 값이 존재하지 않기에 여전히 미지의 영역이다. 소통communication은 '뜻이 서로 통해 오해가 없음'이라는 단순한 정보 전달을 넘어서 깊숙한 의미와 목적을 공유하는 것을 말하기에 수많은 변수가 존재한다.

한국인에게 '소'란 밭일을 도와주는 대상이나 식재료다. 반면

힌두교 교인은 소를 신으로 숭배한다. 부르는 이름도 다르고 소를 인식하는 개념도 다르다. 그래서 소라는 존재를 동일하게 바라보지만 그것의 의미는 서로 다르게 받아들인다. 이는 기표記標로서 의사는 소통될 수 있어도 기의記意로서 의사는 소통될 수 없다는 견해다.[6]

어릴 때 기르던 강아지가 있다고 가정하자. '강아지'라는 문자 자체가 기표라면 각자마다 '다르게 떠올리는' 강아지가 바로 기의다. 스위스 언어학자 페르디낭 드 소쉬르Ferdinand de Saussure는 기표와 기의의 관계를 관습에 의한 자의적 해석이라고 했다. 쉽게 말해 사람마다 다르다는 것이다. 그는 라틴어 'communicare'에서 유래한 소통은 '나누다'라는 의미처럼 인간 사이의 소통이 '일방통행'되어서는 안 된다고 이야기한다. 한쪽의 일방적인 의사 전달이나 다른 한쪽의 무조건적인 수용은 올바른 소통이 될 수 없고 나아가서 좋은 관계를 방해하는 요인이다. 서로가 다른 환경, 생각, 감정, 태도를 지니고 있기에 그 다름과 다양성의 거리를 좁혀가는 노력이 필요하다는 것이다. 그래서 좋은 소통은 핑퐁게임이 가능해야 한다. 조직사회에 속한 인간에게 소통이 중요한 이유는 여기에 있다. 각자의 뜻과 생각을 주고받는 과정에서 오해를 줄이고 간격을 줄여 유지하며 공동체를 올바르게 발전시켜 갈 수 있기 때문이다.

소통에는
방법론이 존재할까?

좋은 소통은 상호 간 적극적으로 관찰해서
함축된 의미를 올바르게 해석려는 노력으로 완성된다.

소통을 잘하는 방법은
어디서 배우나요?

한 아이가 세상 빛을 본다. 한동안은 가족이라는 한정된 울타리에 소속되어 의사소통을 배운다. 아이는 보편적인 단어와 문장은 물론 가족이 가진 독특한 문화까지 체득한다.

그러다가 아이는 유치원을 거쳐 학교라는 조직에 속한다. 이제는 가족보다 친구나 선생님 등 새로운 사람들과 문화에 더 접촉한다. 가끔씩 아이가 집에 돌아와서 독특한 언행을 하는 것을 본 적이 있을 것이다. 그럴 때 부모가 깜짝 놀라는 이유가 바로 여기에 있다.

이렇게 아이는 성장의 과정 속에서 외부 환경과 가족의 문화를 넘나들며 자신만의 문화를 구축한다. 아이는 성인으로 성장하면서 수많은 조직, 사람, 매체와의 연결을 통해 복잡한 소통체계를 갖추게 된다.

이때 문제는 고유한 문화가 특정 조직의 문화와 만났을 때, 그 충돌로 인해서 소통의 장벽이 생기고 갈등이 유발된다는 점이다. 그러다 보니 오히려 가장 오랜 기간 서로를 알아왔기에 그만큼 잘 안다고 생각했던 가족 간에 갈등도 상당히 빈번하게 일어난다. 그래서 자녀와 불통의 시기를 보내는 부모는 이렇게 말하며 안타까움을 표현하지 않는가? "저 아이가 원래 그런 아이가 아니었는데…" 하고 말이다.

조금만 생각해보면 부모가 그렇게 서운할 일도 아니다. 가족 구성원끼리는 오랜 기간 서로를 지켜봐온 것은 맞다. 그러나 그만큼의 소통은 해오지 않았다. 특히 한국의 경우 가족보다 외부 체계와의 소통 시간이 더 긴 편이다. 게다가 그 어느 곳에서도 소통을 잘하고 사는 법을 배우지 못했다. 아이러니하게도 학창시절 소통이 가장 적은 대상인 부모에게 받은 가정교육이 전부라 해도 과언이 아니다.[7]

편히 말하는 것과
소통하는 것의 차이

소통은 여전히 사회과학, 자연과학의 범위를 넘나들며 다양한 방식으로 연구되며 다루어지고 있다. 소통은 심리학, 경제, 경영 분야는 물론 정치학에서도 중요한 연구적 의미를 가진다. 이처럼 소통이 연구자에게 연구 가치가 높은 이유는 소통의 복잡성 때문이라고 할 수 있다. 단순히 소통의 방식을 언어적으로 할 것인가 비언어적으로 할 것인가에 따라서 풀어가는 방법이 완전히 달라진다.

예를 들어 배가 고픈 직장상사가 점심 식사를 하자고 한다. 이때 "자~ 이제 점심 식사를 하러 갑시다"라고 직접적으로 언어적 표현을 하는 방법도 있고, "어휴~ 벌써 시간이 이렇게 되었네?"라며 배를 쓰다듬으며 부하 직원을 쳐다보는 방법도 있다. 둘 다 식사를 하러 가자는 뜻인데 상황이나 표현하는 사람에 따라 다른 방식을 취한다. 물론 언어적·비언어적 방식 모두 소통의 효율성에 긍정적인 영향을 주기에 무엇이 더 좋고 덜 좋다고 구분할 수는 없다.[8] 하지만 어떤 경우는 직접적인 언어적 표현으로 효율적인 소통을 구사해야 하고, 가끔은 후자의 표현처럼 적절한 언어와 비언어의 통합적 활용으로 완곡한 소통을 시도하는 것이 좋을 때도 있다.

이는 소통에 있어서 무엇을 선택하는가가 중요한 것이 아니라 무엇을 선택하던 소통의 목적을 위해 잘 써야 한다는 뜻이기도 하다. 그래서 '뜻이 서로 통해 오해가 없음'이라는 소통의 목적 달성을 위해서는 이 둘을 동일성에 놓고 들여다봐야 한다. 앞서 언급했던 소쉬르 역시 이 2가지는 종이의 양면과 같아서 통합적으로 다루어야 한다고 했다.

눈에 보이는 게 전부가 아니다

여기 다른 상황을 보자. 월말 마감으로 업무가 밀린 상황에서 점심시간이 되었다. 사람들은 업무를 마무리하고 편하게 식사를 하려고 한다. 이 회사의 월말 풍경이자 습관적인 직원들의 욕구다. 그래서 상사가 먼저 "어유~ 벌써 시간이 이렇게 되었네?"라며 힐끔 시계를 보는 행위를 '조금 있다가 식사를 합시다'라는 욕구의 한 표현으로 이해해 사람들은 크게 신경쓰지 않는다. 그런데 입사한 지 얼마 안 된 신입사원이 상사의 말에 불쑥 "식사하러 가시죠!"하며 겉옷을 들었다. 아마 모르긴 해도 그 신입사원은 그날 점심밥이 아니라 눈칫밥을 먹지 않았을까?

소통은 저마다 생각하는 것과 표현하는 방식이 상이하게 발생한다. 그래서 통용되는 언어와 비언어의 통합으로 의사를 전달하고 이를 해석하는 것은 어려운 작업이다. 위 사례에서 "벌써 시간이 이렇게 되었네?"라는 말을 제대로 이해하려면, 말의 맥락과 더불어 회사가 처한 상황, 회사의 문화 등을 동시에 고려해야 한다. 한 가지 덧붙이자면 요즘 신입사원이 얼마나 똑 부러지게 자신의 생각을 표현하는 세대인지도 중요하다.

결국 사람마다 상황마다 다른 인풋In-put이 발생하는데 획일화된 해석 체계를 가지고 소통을 이어가는 것 자체가 어불성설이다. 소통은 뻔히 보이고 들리는 과정이지만 쉽지 않다고 말하는 이유이기도 하다. 특히 문자메시지나 메신저, SNS 댓글, 영상 메시지로 소통하는 요즘 시대에서는 더욱 그렇다.

흔히 쓰이는 이모티콘이나 이모지emoji 등을 활용한 비언어 커뮤니케이션 역시 각각의 쓰임새와 의미가 다르게 만들어지기도 했고[9] 소통을 나누어가는 과정 속에 본래 의미와 다르게 쓰이기에 정답이 존재할 수 없다. 편리성에 기반하는 이모티콘 역시 전달하는 사람과 해석하는 사람이 그 특성과 의미를 충분히 이해해야만 올바른 소통을 할 수 있다.

좋은 소통은 상호 간 적극적으로 집중하고 관찰해서 함축된 의미를 올바르게 해석하는 노력에 의해서 완성된다. 그래서 소통은 복잡하고 어렵다. 그러므로 어려운 결과만큼 소통을 완성해가는 '과정'이 중요하다.

소통은 누군가를 이기는 게임이 아니다

진짜 소통은 상대방의 마음을 파악하는 것이지,
무조건적인 동조나 동정이 되어서는 안 된다.

'위해서'인가, '위에서'인가?

얼마 전 나는 서점에 진열된 커뮤니케이션 분야 책을 보다가 특이한 점을 알게 되었다. 이 분야 책의 대대수가 말하는 기술과 방법에 관한 책이었다는 사실이다. '어떻게 설득할 것인가?' '말을 잘하는 방법은 무엇인가?' '이기는 대화는 어떻게 해야 하는가?'

우리는 주로 물건을 판매하거나 상대방에게 신뢰를 주기 위해 말하는 법을 배운다. 그런데 잘 듣는 방법이나 타인에게 공감하는 방법 따위를 알려주는 책은 많지 않다. '상대방 위에서' 말하는 법을 알려주는 책은 많지만 '상대방을 위해서' 무엇인가 하는 법을 말하는 책은 없다는 말이다. 그러다 보니 소통의 목적이 일종의 '이기는 것'으로 변질되는 것은 아닌지 우려스럽다.

나는 소통의 최종 목적을 좋은 관계를 맺고 그 관계를 발전시키는 것에 둔다. 소통은 경쟁의 스포츠가 아니다. 상대방을 이기기 위한 전략을 말하기보다 어떻게 하면 화자(발신자)와 청자(수신자)가 마음을 온전히 주고받을 수 있는지, 어떻게 그 마음에 집중할 수 있는지를 염두한다. 그래서 소통은 일종의 스포츠가 되기도 한다. 동업자 정신을 기반으로 한 윈윈게임의 스포츠는 소통이라는 경기를 치르는 선수와 지켜보는 관객 모두가 즐거운 상생의 결과를 만들기 때문이다.

따뜻한 정이 불러오는
차가운 결과

"좋은 의미였다고 하잖아. 네가 이해해줘." "그럴 만한 이유가 있다고 하니 한 번 넘어가주렴." 우리는 이런 상황에 직면할 때 내적갈등을 경험한다. 이성과 합리의 관점에서 보면 상대방의 잘못이 분명하지만 '그럴 만한 사정'을 들이대면 상황이 달라진다. 그런 속사정 앞에서 이성을 무기로 대화하면 오히려 '속이 좁은 사람' '냉혈한' 혹은 '융통성이 부족한 사람'이 되어버릴 것 같은 불안을 겪기도 한다.

물론 단순히 실수라는 행동보다 그 행동이 일어나게 된 원인에 집중하는 것이 감성적 소통의 덕목이기는 하다. 하지만 모든 것은 정도의 문제라는 점을 잊으면 안 된다. 가끔 한국인 고유의 정서인 '정情'을 근거로 한 양보 문화는 따뜻함 대신 차가운 상처를 남길 때가 있다. 그 따뜻한 마음이 늘 좋은 결과를 만들지는 않는다는 말이다.

그렇다면 이러한 상황은 어떨까? "우리는 이렇게 하려고 하는데 네 생각은 어때?" 큰 무리가 없다면 상대방 의견에 동조하는 것이 관계유지와 조직발전에 이바지하는 것일까? 큰 손해가 아니라면 상대방의 무안함을 덮어주고 에너지를 모아주는 것이 좋은 행동일까?

여기 모두가 표면적으로는 합의했지만 실상 동의하지 않는 여행길을 떠나는 가족의 이야기를 들어보자. 쉬고 싶은 속내는 숨기고 소통 과정의 불편함과 상대방에 대한 예의를 차리고자 텍사스의 무더위와 불편을 경험하며 서로에게 원망만 늘어놓는 가족들 이야기다. 하기 싫은 여행에 무조건적인 동조를 해버린 결과는 여행을 제안한 사람과 수용한 사람 모두에게 스트레스만 안겨주었다. 소통과 합의 과정은 편했지만 결국은 모두가 최악의 경험을 하는 애빌린 여행길. 경영전문가 제리 하비Jerry Harvey는 논문에서 애빌린의 역설The Abilene Paradox이라고 표현했다.[10]

배부른 조카에게 다시 고봉밥을 얹어주는 것이 한국인의 정이다. 과거에는 정을 거부하는 것은 예禮와 의儀에 어긋나는 일이라고 배웠다. 이 상황에서 정은 누구를 위한 정일까? 정은 주는 사람을 위한 것일까, 아니면 받는 사람과 주는 사람 모두를 위한 것일까?

우리가 원하는
소통이란?

시간이 촉박한 아침, 안 그래도 좁은 동네 골목길에 운전이 미숙한 앞차가 주차 자리를 못 찾고 헤매고 있다. 몇 분이 흘렀을까 답답함이 조금씩 차오를 무렵 앞차는 겨우 자리를 찾았고 나는 미간에 주름을 잔뜩 품고 그 옆을 아슬아슬하게 지나쳤다. 앞차 운전자는 창문을 내려 미안한 듯 웃어 보이며 이렇게 말했다. "미안합니다. 제가 운전이 조금 서툴렀죠? 허허." 얼핏 60대 이상은 되어 보이는 어르신이었다.

순간 부정의 감정이 솟구쳤던 내 마음속에 물줄기가 내려 불편한 찌꺼기를 씻어내는 듯한 편안함이 찾아왔다. '고작'이란 말 한마디 때문에 마음속 감정의 파도가 이는 경험을 한 나는 "아닙니다, 아닙니다"를 연발하며 골목을 빠져나왔다. 말 한마디의 힘을 제대로 느꼈던 그날 아침이 가끔씩 생각나는 이유는 무엇일까? 아마 그 어르신이 내가 가졌을 감정에 온전히 공감하고 마음을 읽어주어서가 아닐까?

이성적 소통보다 따뜻한 감성적 소통을 추구하는 한국 문화에서 추구해야 할 진짜 소통은 상대방의 마음을 깊게 파고들어 그 의미를 파악하는 것이지 무조건적인 동조나 동정이 되어서는 안 된다. 또한 일방적인 들어주기나 칭찬해주기 역시 소통의 본질과 다르다. 상대방의 의도를 파악했더라도 더 나은 방향의 길이 있다면 소통의 방향을 새롭게 정할 수 있어야 한다.

그리고 한없이 들어주기보다 적절한 충고나 조언으로 힘을 실어줄 수도 있어야 한다. 상대방의 메시지를 수용하는 것은 수동적 감성이 할 일이지만 그 결과를 결정하고 행동화하는 것은 능동적 감성의 몫이다. 정을 근간으로 하는 소통은 져주는 대화가 아니다. 그런 정신은 버려버리자.

인간은
AI가 아니다

"그럼 상대방의 마음을 어떻게 알 수 있나요?" "이런 말을 할 때는 어떻게 대답해야 좋을까요?" 나는 이런 질문을 받을 때마다 적잖이 난감하다. 예절에 따른 일반적인 소통의 기술은 존재하지만 실전 상황에서 상대방의 마음을 파악하는 게 어떻게 쉬운 일이 될 수 있을까? 그래서 나는 소통 수업에서 이러한 질문을 받을 때면 "우리는 독심술을 배우는 게 아닙니다"라고 대답한다.

그렇다. 인간은 기계가 아니다. 인풋In-put과 아웃풋Out-put이 일치하는 데이터가 존재하지 않는 것이 인간이고 인간 사회다. 오히려 상대방의 마음을 알아내기 위해 공부하는 것들이 소통을 방해하고 관계를 망치는 원인이 되기도 한다.

얼마 전 만났던 성격유형검사 전문가가 그런 오류의 대표 주자였다. "선생님은 주도형이시군요! 그런데 아까는 왜 이렇게 소심하게 계셨나요? 결과를 보니 9번 유형이군요. 그런데 의외로 발표도 잘하고 그러시던데요?"

성격유형검사를 잘못 활용하면 오히려 선입견이 생겨 상대방을 마음대로 재단하는 오류를 범하기도 한다. 상대방을 '이해'하기 위한 도구가 '오해'하는 도구로 변질된 셈이다. 그 틀에서 벗어나는 순간 잘못된 행동을 하는 사람이라는 이상한 딱지가 붙는다. 그러고는 이렇게 바보 같은 소통을 시도한다. "어? 그는 원래 그러한 성향인데 왜 그러하지 않고 이러하셨다죠? 참 이상하네요." 그야말로 이상한 이야기가 아닐 수 없다.

인간은 AI가 아니기에 원하는 정보를 한 가지로 얻어낼 수 없다. 평소에 주도적인 리더의 모습을 보이다가도 고민과 번뇌에 빠지거나 나약한 모습을 드러낼 수 있는 것이 인간이다. 그래야 훨씬 인간적이고 건강한 사람이다. 그래서 좋은 소통은 상대방을 분석해 '결과'를 얻어내는 작업이 아니라 상대방의 마음에 집중하고 상호작용을 통해 이해하는 '과정'의 문제다. 누르면 나오는 두더지가 아니라 주고받는 과정 속에 서서히 드러나는 연꽃이 바로 우리가 추구해야 할 소통이다.

이 책을 쓰면서 가장 고민했던 부분이 바로 소통의 방법론이었다. 하루에도 오만 가지 생각을 하는 인간을 방법이라는 '틀' 안에서 이해한다는 것 자체가 오류다. 그래서 나는 이 책에서 제시하는 소통의 방법론을 좋은 '방식'을 올바른 '방향'으로 안내하는 여정이라고 표현하고 싶다. 절대로 100% 통하는 소통의 방법이란 없다.

04 ————— 소통은 서로 간의
상호작용이다 —————

좋은 소통은 상대방이 던지는 메시지와
숨겨진 욕구를 함께 파악해가는 노력으로 완성된다.

각박한 사회인가,
짧은 생각인가?

직장인 A씨는 금요일 야근을 마치고 늦게 귀가했다. 피곤함을 이끌고 아파트 입구에 다다랐을 무렵, 주차된 승용차에 실내등이 켜진 것을 보았다. 평소 자주 보던 승용차였기에 같은 동 주민의 차라고 생각했다. 그래서 잠깐 망설이다 차주에게 용기 내어 문자메시지를 보냈다. '차 실내등이 켜져 있네요. 확인하세요'라고 말이다.

그는 늦게까지 일하느라 피곤했지만 누군가를 도왔다는 생각에 뿌듯해하며 기분 좋게 잠이 들었다. 그런데 아침이 되어 승용차 주인에게 온 메시지를 확인한 A씨는 금세 분노하고 말았다. 불편함을 무릅쓰고 보낸 문자메시지에 대한 답장은 이러했다. '신경 끄고 잠이나 잡시다.'

만약 우리가 이런 답장을 받으면 어떤 감정이 들까? 또 어떻게 행동할까? 일부러 상대방을 생각해서 한 행동인데도 고마워하지 않는 답장에 휴대폰을 쥔 채로 서운함과 분노를 표현할 수 있다. 그것도 모자라 만나는 사람마다 메시지를 보여주고 상대방의 무례함과 개념 없음을 지적하며 종일 불쾌한 기분을 느낄 수도 있을 것이다. 혹은 앞으로 누군가를 돕는 일은 하지 않아야겠다는 허튼 다짐을 하지는 않을까?

A씨도 주변 사람들에게 메시지를 보여주며 차주의 반응이 얼마나 서운한지, 또 누군가를 돕는다는 것이 얼마나 허무하고 사회가 각박한지에 대해 이야기했다. 대부분의 사람들은 A씨를 위로하거나 상대방 차주의 불쾌한 답장에 대해 지적하고 동조해주었다.

그런데 몇몇은 의외의 반응을 하는 것이 아닌가? "혹시 이 사람에게도 그럴 만한 이유가 있었던 것은 아닐까요?" "차주가 잘한 건 없는데 그런 메시지를 보낸 상황은 조금 이해가 가요"라고 말이다. A씨는 당황스러웠지만 다시 한 번 메시지를 확인해보았다. 그제야 어떤 이유에서 그런 말을 했는지 조금이나마 수긍할 수 있었다.

마음을 둘 때
비로소 보이는 것들

미리 밝히지만 답장한 사람의 무례함을 잘했다고 포장하는 것이 아니다. 새벽 늦은 시각에 방전을 걱정해주는 그 선善한 의도를 왜곡한 것과 감정적인 답장을 보낸 것은 분명히 문제다. 아무리 남모를 이유가 있어도 상대의 감정을 고려하지 않고 자신의 감정을 앞세운 대화는 크게 아쉽다.

하지만 그에게도 이유는 있었을 것이니 A씨 지인들이 건넨 이야기를 한 번 들어볼 필요가 있다. "새벽 1시가 넘은 시각에 문자를 보내셨네요. 그리고 답장이 3시 넘어서 왔으니 이 사람 자다가 깬 건 아닐까요?" "바로 답장한 게 아니라 시간을 두고 했다는 건 깼다가 다시 못 잔 모양이네요."

늦은 시간에 문자를 보내기는 했지만 이는 방전될까 걱정되어서 한 일이었고, 이는 분명한 선善이었다. "맞아요. 그건 A씨의 의도가 그러했다는 걸 몰라준 그 사람이 야속하긴 하네요. 하지만 이 사람에게 중요한 건 차량 관리가 아니라 숙면 아니었을까요?" 이 말을 들은 A씨는 마음을 가라앉히고 생각을 곱씹었다. '좋은 것을 주는 것이 아니라 상대방이 원하는 것을 주는 것이 좋은 선물이라 했는데, 혹시 그런 오류를 범한 것은 아닐까? 차주는 실내등의 문제를 알면서도 무시하고 잠을 잔 건 아니었을까?' 이내 A씨는 고개를 가로저었다. '아니야. 이건 너무 나에게만 일방적인 이해를 강요하는 것 같아. 억지스럽다고!' 그런 찰나 이어진 지인의 말. "그리고 몇 시간 실내등을 방치했다고 요즘 차들 방전되거나 하진 않거든요."

이후 A씨는 입장을 바꾸어 상대방이 되어보기로 했다. '내가 만약 새벽에 원치 않게 잠을 깼다면? 다음날 일찍 중요한 일정이 있어서 숙면을 취해야 하는 상황이었다면?'이라는 가정 하에 자신이 보낸 문자를 들여다보았다. 그러고는 한눈에 들어온 거슬리는 문장, '확인하세요.'

방법이 아니라
태도의 문제다

'확인하세요.' '확인하세요.' A씨는 자신이 보낸 문자를 몇 번이나 읽어보고 생각해보았다. '이건 도움을 주려는 의도의 권유인가 아니면 일방적인 지시인가?' 그리고 자신이 생각하는 선한 의도에 가려져서 지나치게 짧은 이성적 표현만 던진 것은 아닐까 하는 반성도 조금 해보았다.

만약 '늦은 시각에 죄송합니다만'이라는 표현이나 '혹시 차량이 방전되진 않을까 싶어서'라는 의도를 넣었다면 어땠을까? 약간의 아쉬움이 남는다. 무엇보다 이 문자에 답장을 하고 대화를 이어가지 않았다는 점이 가장 아쉽다. 아침에 받은 불쾌한 문자에서 대화는 종료되었고, 결국 차주는 개념 없고 무례한 사람으로 박제되었다.

A씨는 '새벽에 불쾌한 감정을 가졌을 수는 있지만 아침에 후회하지는 않았을까?' 하는 마음에 숨겨진 의도를 담아 다시 문자를 보냈다. '혹시 차량이 방전될까 걱정되는 마음에 보낸 문자였는데 기분이 상하셨다면 죄송합니다.' 그러자 바로 날아온 차주의 답문. '아, 정말 죄송합니다. 제가 요즘 통 잠을 못 자서 예민한 상태에서 결례를 범했습니다. 혹시 몇 동에 사시는지요. 사과하고 싶은데 통화 가능한가요?'

A씨는 이 일을 통해 몇 가지 깨달음을 얻었다. 첫 번째 깨달음은 최초 소통 시점에 충분한 뜻과 생각, 즉 '의사'를 담지 않았다는 사실이다. 화자의 뜻과 생각을 생략하고 결말만 전달하니 지시형의 왜곡된 정보가 송출된 것이다. '밤늦은 시간에 죄송합니다만 차량 실내등이 켜져 있어요. 혹시 방전이 될까 염려되어 문자드려요'라는 의사를 명확히 담았다면 이 소통의 방향은 조금 달라졌을 것이다.

두 번째 깨달음은 누구나 정보를 해석할 때는 그 당시 자신만의 감정체계나 지식수준 그리고 바라보는 태도를 가지고 해석할 수밖에 없다는 사실이다. 보통의 언어적 메시지가 본래 내용대로 전달되기도 하지만 특수한 상황이라면 전혀 다른 맥락으로 읽힌다. 따라서 화자의 의도가 청자에게 공감받지 못하는 것이며 따

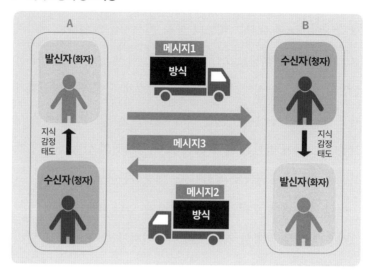

뜻한 의도가 차가운 이성 소통에 가로막히고 만다.

세 번째 깨달음은 화자의 의도를 정확히 전달하기 위해서는 상호작용interaction이 필요하다는 것이다. 일방적으로 던진 이야기가 멈추면 이는 소통이 아니라 '잔소리' '언어폭력'이 될 가능성이 크다. 상호 간에 간격을 좁혀서 의도를 통일하기 위한 상호작용은 말 그대로 실천하는 행동action이 있어야 한다. 그 행동은 절대 크고 어려운 것이 아니다. 상대방에게 그 의도를 묻고 확인하는 '한 번 더'가 있을 뿐이다.

위 그림은 라스웰의 '화자-메시지-방식-청자'의 의사소통에 상호작용이 더해지는 것을 표현한 것이다. 최초 발신자(화자)

A가 수신자(청자) B에게 메시지1을 전하고 수신자는 자신의 현재 감정이나 A를 대하는 태도나 상황, 메시지를 해석하는 지식의 정도에 따라 해석한다. 그럼 수신자 B는 다시 발신자가 되어 자신만의 언어로 메시지2를 발신한다. 이렇게 수신자는 발신자가 되고 발신자는 수신자가 되는 역할전이가 생기며 상호작용을 시작한다. 그렇게 발신된 메시지2를 또다시 자신의 상황에 따라 해석한 A는 자신의 언어로 메시지3을 재발신한다.

이런 과정 속에 오해와 왜곡이 생길 수 있다. 따라서 소통의 상호작용은 매우 신중한 작업으로 이루어져야 한다. 그런데 앞서 본 차량 방전 사례에서는 이런 상호작용 없이 메시지2에서 소통이 중단되었기에 아쉬운 소통으로 남을 뻔했다.

자신의 선한 의도보다 더 중요한 것은 상대방이 품고 있는 '욕구'다. 그리고 화자와 청자 간 대화에서 드러난 표면적 의미보다 더 중요한 것 역시 서로 간에 숨겨진 욕구라는 점이다. "다 내가 못나서 그렇지!" 이 말이 그저 자신의 무능력을 인정하는 누군가의 고백이라면 몰라도 일탈을 일삼는 자식 앞에서 하는 부모의 탄식이라면 그 의미는 매우 달라지지 않을까?

A씨는 상대방의 무례한 메시지에 기분이 상했지만 상대방이 품고 있는 의도, 즉 욕구를 알고 나서는 불쾌감이 조금은 줄어들었다. 따라서 좋은 소통은 상대방이 던지는 메시지와 더불어 그 속에 숨겨진 욕구를 함께 파악해가는 노력으로 완성된다.

소통을 모르는 당신과의 소통은 힘들다 ────

사람과 사람 사이의 상호작용을 통해
간격을 충분히 좁힐 수 있다.

소통은 개인이 가진
'욕구'의 거래다

올바른 소통을 위해서는 소통의 관점이 바뀌어야 한다. 앞서 언급했듯이 누군가를 설득하고 물건을 팔거나 우위에 서기 위한 소통이 아니라 함께 어울려 잘 살고 좋은 관계를 유지하고 발전하기 위한 소통은 그 결이 달라야 하기 때문이다. 그래서 소통은 방법론이 아니라 태도의 문제로 접근해야 한다. 왜냐하면 소통은 인간의 본능적 욕구(본성)의 표현이기 때문이다.[11]

"으아아앙~" 여기 돌을 갓 넘긴 아이가 운다. 조금 전에 잠을 자고 나왔는데 무엇이 불만인지 눈물을 팡 터트리며 운다. 부모는 아이가 왜 우는지 몰라 "왜 울어 우리 아가?"라며 묻는다. 그러다가 기저귀도 살펴보고 장난감도 쥐어준다. 그래도 달래지지 않자 조급하고 당황스러워서 조금 언성이 높아지기도 한다. 그러다 체온계를 꺼내어 열을 재보니 39도. 부모는 아이가 아픈 줄도 모르고 불필요한 행동을 했던 자신을 자책하며 병원으로 향한다.

여기서 아이가 우는 것은 아픔을 표현하는 '요구', 즉 방법과 수단이다. 그리고 울음을 지속적으로 이어갔는지가 바로 '욕구', 소통하고자 했던 본질이다. 인간은 소통하며 살지만 그 소통이 목적이 아니라 소통의 과정을 통해 거래하고자 하는 욕구를 지니고 산다는 것이다.

만약 지금 자녀가 불만스러운 감정을 내비치며 퉁명스럽게 대답하고 있다면, 보이는 현상보다 대체 '왜?'라는 생각으로 숨겨진 욕구에 집중해야 한다. 단지 버릇없는 행동만 보다 보면 금세 이런 대화로 끝날 것이 뻔하기 때문이다. "어디 어른이 말하는데 건방지게!"

누구나 욕구가 있다.
고로 누구나 소통하려 한다

많은 사람들이 말을 하고 대화를 나눈다. 모든 사람은 자신만의 방식과 도구를 가지고 소통한다. 정확한 언어를 구사하지 못하는 사람도, 하물며 강아지나 고양이 같은 동물도 자신만의 방식으로 무언가를 표현하며 산다.

이렇듯 누구나 소통을 하지만 그 소통의 주제를 똑같이 이해하고 인식한 상태에서 한다고는 할 수 없다. 바로 속마음에 숨겨진 '욕구'가 달라서다. "언제 밥 한번 먹어야지!"라는 말을 있는 그대로 해석하자면 전혀 어렵지 않은 문장이다. 다만 이 말을 주고받는 사람들의 관계나 말을 먼저 꺼낸 사람의 의도에 따라 내용은 많이 달라진다. 오래간만에 만나서 반가운 마음에 하는 인사였다면 이는 진짜 식사를 요구하는 의도가 아니다. 오랜만에 만났거나 윗사람이 아랫사람에게 어깨 한 번 툭 치면서 이런 말을 뱉기도 하기에 우리에게는 익숙한 인사 표현이기도 하다. 그런데 이 상황에서 "아 그럴까요? 언제 식사할까요?"하며 수첩을 꺼내 날짜를 물어본다면 오히려 어색한 분위기가 연출되지 않을까?

청와대 앞에 가면 피켓을 들고 1인 시위를 하는 사람들을 쉽게 만날 수 있다. 언뜻 보면 모두 같은 형태의 시위를 하는 듯하다. 그러나 누구는 '그저 말이라도 한번 해봤으면 좋겠다'라는 심정으로 속마음을 토로하고, 다른 누구는 자신의 요구를 관철시키고자 투쟁한다. 식사 제안 사례처럼 소통을 어느 정도 서로의 입장을 이해하고 수용하는 것으로 볼 것인지 또 완전히 서로 교감하고 의견의 일치를 보는 것이나 행동의 변화를 기대하는 것까지로 볼 것인지에 따라 방식과 결과가 매우 달라진다. 평소에 원활

한 소통을 주고받는 사이라도 새로운 것을 구상하고 미래를 그리는 것에는 다른 욕구를 품을 수 있다.[12]

때문에 앞선 누군가는 따뜻한 포옹과 적극적인 경청만으로도 좋은 결과를 얻을 수 있고, 후자의 경우에는 논리와 이성을 바탕으로 문제해결적인 대화를 해야 좋은 소통이 된다. 따라서 우호적인 관계를 위한 소통을 위해서 가장 먼저 들여다봐야 하는 것은 사람과 상황이 숨기고 있는 욕구다.

숨겨진 욕구와 소통의 목적

"김 대리, 나 좀 잠깐 봐요." 회의를 다녀온 팀장이 급히 들어와서 말했다. 평소 팀장이 갑작스레 개별 미팅을 요청할 때는 안 좋은 일로 부르는 경우가 많았기에 김 대리 역시 주위를 살피며 조심스럽게 발걸음을 뗐다. '혹시 무슨 일이 있나?'라고 생각했다. 곰곰이 기억을 더듬던 순간, 머릿속을 획 하고 스쳐가는 옛 기억 하나. 김 대리는 가던 길을 멈추고 자리로 돌아와 문서를 출력하기 시작했다. 그리고 잠시 후 김 대리는 환한 웃음을 띠며 미팅을 마칠 수 있었다. 김 대리는 왜 그랬을까?

오전에 본사 미팅에 참여했던 팀장이 돌아오자마자 김 대리를 급히 호출했고, 나긋한 목소리는 아니었다. 다만 개인적으로 갈

▎**올바른 해석을 위한 3가지 구성요소**

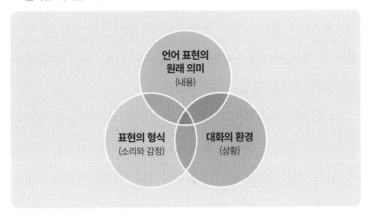

등이 있을 만한 사건은 없었기에 업무 내용일 가능성이 컸다. 혹시 몰라서 자신이 준비했던 회의 자료를 출력해서 들어갔는데 아니나 다를까 팀장이 회의 결과에 대한 보충 자료를 이야기하는 게 아닌가? 한참 이야기하던 팀장은 김 대리에게 이렇게 이야기했다. "그런데 회의 자료는 어떻게 알고 가져온 거지?"

우리는 소통을 위해 독심술을 배우거나 인간 심리를 연구할 수 없다(정확히 말하면 그럴 필요가 없다). 다만 김 대리처럼 상대의 욕구를 이해하기 위해 화자(발신자)가 하려는 진짜 소통의 의도를 들여다보고 그 감정과 소통이 이루어진 배경, 즉 상황이나 사건에 대해 이해하기 위한 노력을 해야 한다. 우리는 앞서 의사소통이란 '화자-청자-메시지-방식'이라는 라스웰의 정의로 시작해서 결국 소통이란 화자와 청자의 상호작용에 의해 완성된다는 것을 이야기했다. 그렇다면 소통의 상호작용 속에 숨겨진 욕구나 의도를 알 수 있는 방법은 무엇일까? 이 책에서는 이를 '언어 표현의 원래 의미(내용)-표현의 형식(소리와 감정)-대화의 환경(상황)'이라는 3가지 구성요소로 정리했다.

"너 언제쯤 나와?"라는 말은 표면적으로 시간을 묻는 질문이다. 그런데 약속에 늦은 상황과 상대방의 격앙된 감정을 종합해서 보면, 이는 약속에 늦어서 불편하다는 의사를 전달하는 소통이다. 만약 약속 시간이 충분히 남아 있고 별다른 감정이 담겨 있지 않은 질문이라면 상대방이 시간 약속을 정확히 하려거나 약속 시간을 변경하고자 하는 의도로 읽힌다.

"어디 가니?" 길을 지나다 한동네에 사는 아이를 보고 말을 건넨다. 이를 '내용-소리와 감정-상황'에 의해 해석해보면 '어디 가니?'라는 질문은 정말 궁금해서가 아니라 단순한 안부인사 정도라는 것을 알고 있다. 그래서 아이는 수줍게 웃으며 "엄마 심부름 가요"라고 대답하고, 어른은 "그래, 잘 다녀오렴" 하며 웃으며 대화를 마무리할 수 있다.

이렇듯 소통 간 함축된 메시지를 해체하고 해석해 올바르게 소통하는 방법을 이해하는 것은 매우 중요하다. 그 과정이 쉽지 않겠지만 사람과 사람 사이의 상호작용이라는 행동을 통해 간격은 충분히 좁힐 수 있다.

06 —————— 소통은 보이지 않는
것에 대한 이해다 ——————

소통은 사람과 사람이 만나지만
그들의 문화와의 만남이라고 풀이하는 것이 옳다.

소통은 인간이 속한
문화의 거래다

오랜만에 모임에서 만난 대학동기가 인사를 건넨다. "언제 한번
봐야지!" 이 말에 우리는 보통 "그러게 한번 봐야 하는데"라며
받아친다. 여기서 말한 '언제 한번'은 정확한 날짜나 시간이 아니
라 자주 만나지 못하는 아쉬움이나 친근함을 나타내는 '표현'에
불과하다는 것은 누구나 알 것이다. 그런데 이 말을 독일인에게
건네면 어떻게 될까? 다수의 독일인은 스마트폰을 꺼내어 스케
줄을 확인하고는 이렇게 말할 것이다. "나는 다음 주 수요일 오
후에 시간이 되는데 넌 어때?"

한국인뿐만 아니라 모든 나라에는 그만의 특별한 문화가 있고 문화로 빚어진 관습으로 소통한다. 현재 눈앞에 있는 친구에게 "밥 한번 먹어야지"라며 인사를 건네는 것이 우리나라 사람들의 문화다. 그리고 그 마음을 알아채고 "그래야 하는데 말이야"라고 대답하는 것 역시 한국인의 대화 관습이다. 반면에 우리가 다른 나라 사람과 소통할 때는 우리의 언어 관습이나 방식을 고집하면 소통은 어려워진다.

서로가 상대의 문화적 특수성을 이해하고 수용해가며 조심스럽게 간격을 좁혀나가야 궁극적인 소통이 완성된다. 그래서 소통은 사람과 사람이 만나지만 그들의 문화와의 만남이라고 풀이하는 것이 옳다.

'짜파구리'가 뭐예요?

칸 영화제 황금종려상을 수상한 봉준호 감독의 영화 〈기생충〉은 한국사회의 빈부차이를 독특한 시각과 단순한 은유로 그려서 큰 관심을 받았다. 이 영화에 등장하는 대사 중 한국인이나 한국에 거주하는 사람만 이해할 수 있는 단어들이 몇 가지 있다. 예를 들면 짜장 라면과 일반 라면을 섞어서 끓이는 '짜파구리'라는 신조어가 그것이다. 몇 해 전 불쑥 등장한 이 말을 알고 있는 우리는 '부유층 사람들도 짜파구리를 먹는구나' 하며 공감하겠지만 해외 영화제에서 다른 나라의 관객과 심사위원들이 이 말의 의미를 제대로 이해할 수 있었을까? (사실 필자의 부모님도 짜파구리라는 말을 잘 모른다.) 실제로 영화 〈기생충〉의 영어 번역을 맡았던 달시 파켓은 그 문화의 차이를 고민해 결국 라면과 우동을 합친 '람동ramdon'이라 번역했다고 한다. 이를 통해 외국인들이 '짜파구리'는 모르지만 '람동'이라는 합성어가 주는 재미는 공감할 수 있게 되었다.[13]

이처럼 소통은 언어적 표현의 객관적 전달보다 그 맥락이 주는 의도를 교류하게 하는 작업이다. 특히 문화의 차이에서 오는 언어적 문제는 그 격차가 훨씬 더 크다. 문화culture라는 말은 '경작하다, 재배하다' 등의 의미를 가진 라틴어 'colere'에서 유래했다. 문화라는 것은 좋은 터전을 잡아 씨를 뿌리고 물을 주어 오랜 기간 일군 노력으로 만들어지는 것이다. 그래서 그 안에 머문 사람들에게 깊이 박혀 있는 습관이 되고 동질성을 갖게 하는 환경이 된다.

문화가 자리잡으면 그 테두리 안에 있는 사람들끼리는 그들의 소통방식이 생기고 그들만의 관계를 쉽게 맺어간다. 지금 살고 있는 대한민국도, 또 가까이 자리한 이웃나라도 각자가 오랜 기간 뿌리내려온 문화를 토대로 각자만의 방식으로 관계를 맺으며 살아가고 있다. 그렇기에 문화가 만든 각자의 삶의 방식이 만

나는 소통이 원활해지기 위해서는 상대의 문화를 충분히 알아야
한다.

개인에게도
문화는 존재한다

지구상에 존재하는 대륙별·국가별 문화에는 오랜 기간 형성된
고유함이 있다. 그 고유함이라는 문화는 고유한 소통방식을 의
미한다. 각 문화에 속한 사람들은 동일한 고유함으로 원활하게
소통한다. 더 좁혀보면 한 국가 내에 자리잡은 기업과 부서, 대
학 안에 속한 학과들도 수만큼 다양한 고유함이 있다. 조직의 최
소단위라고 할 수 있는 가정은 어떠한가? 부모님과 부모님의 부
모님, 그리고 부모님의 형제를 통해 형성된 가족문화 안에서 개
인은 얼마나 자유로울 수 있을까? 집안 큰어른의 헛기침 한 번이
의미하는 바는 가족마다 다를 것이다.

문화는 조직의 규모와 무관하게 형성되고 유지된다. 개인마다
살아온 환경이 다르고 생각하는 방향이 다르기에 한 사람 한 사
람이 각자의 문화를 간직하고 사는 셈이다. 그래서 우리는 사람
들을 일컬어 '소우주'라고 부르지 않던가? 각자의 우주가 자신의
언어로 소통을 하니 외국인을 대할 때는 물론이고 같은 나라의
민족끼리도 불통이 다반사다.

결혼한 지 수십 년 된 부부도 갈등을 겪는다. 그들은 "참, 이 사람 잘 모르겠다"라고 하니 소우주라 할지라도 우주는 우주의 크기를 가졌나 보다. 대가족으로 지내던 아이 집에 외동아들인 친구가 놀러갔다. 많은 어른들과 살았던 아이는 자신과 다르게 어른들을 편히 대하는 넉살 좋은 친구를 보며 머리가 복잡해졌다. 그러고는 이렇게 생각한다. '저 친구는 참 버릇이 없구나.'

누군가를 제대로 '이해'하지 못해 결국 '오해'로 번지는 것은 상대방의 살아온 문화를 살펴보지 않아서다. 미국의 빌 게이츠가 우리나라 대통령과 악수를 했을 때 손을 주머니에 넣은 채로 악수를 해서 작은 논란이 된 적이 있다. 이것을 빌 게이츠의 개인적인 습관으로 이해할 것인지, 아니면 미국이라는 나라의 개방성으로 볼 것인지는 모르겠다. 다만 분명히 말할 수 있는 것은 우리만의 시각으로 보면 세계적인 기업가는 참 무례하고 버릇이 없는 사람이 된다는 것이다.

**새로운 씨를
뿌릴 시기**

불과 십여 년 전 만해도 처음 보는 어린아이에게 "예쁘게 생겼네"하며 볼을 쓰다듬는 것이 한국인의 정인 것처럼 인식되었다. 그런데 요즘은 어떠한가? 남의 아이를 그런 방식으로 예뻐하는 것은 자칫 추행이 될 수도 있다. 이웃의 실수를 '그럴 수도 있지'라며 너그러움으로 감싸는 것이 한국의 연대감과 공동체 문화라고 하지만, 요즘에 그렇게 얼렁뚱땅 넘어가면 바보라는 소리를 들을 수도 있다.

문화는 사물과 현상에 대한 인간의 작용에서 형성된다. 그래서 이 다양한 요소들이 변하면 문화 역시 변할 수밖에 없다. 4차 산업혁명이라는 울타리에서 사는 요즘, 지구촌은 수평적으로 소통하고 새로운 정보들로 차고 넘친다. 이제 우리만의 고유한 '그것'이 온전히 지켜지기 어려워졌다는 뜻이다.

현재 우리 사회에서 '하나의 민족'이라는 자부심은 과거형이 되었다. 이제 다문화 사회로 접어들면서 한 공간에서 여러 가지 문화가 충돌하는 일이 많아졌다. 한국인의 '암묵지暗默知, tacit knowledge'적 소통과 서양인의 '형식지形式知, explicit knowledge'적 소통이 교류하며 오히려 우리만의 문화를 고수하면 고립되고 만다. 게다가 같은 한국인이면서도 세대 간의 차이가 확연해지고 계층 간에 소통의 교란이 생기기 시작해 복합적인 문화의 해석이 필요한 시대를 맞고 있다.

특히 과거 신세대, X세대, Y세대를 거치며 모습을 달리한 요즘 세대의 변화가 두드러지고 있다. 따라서 '옛것'과 '요즘 것'의 경계에서 또 한국의 고유한 문화와 새로움 사이에서 지킬 것과 변화시킬 것을 구분해야 한다. 그리고 융통성과 정, 합리와 이성의 중심을 잘 잡아야 한다. 사회는 변하고 있고 그에 따라 살아가는 방식도 변해야 한다는 이야기다.

바벨탑에 담긴
소통의 의미

'바벨탑 이야기'는 『구약성서』 「창세기」에 실려 있다. 인간은 대홍수 이후 높고 거대한 탑을 쌓아 하늘에 닿으려 했다. 신은 인간의 오만한 행동에 분노해 저주를 내린다. 본래 하나였던 언어를 여럿으로 분리하는 것이었다. 단지 언어가 달라졌다고 해서 탑을 못 짓는 것은 아니다. 하지만 탑을 세우던 인간들은 언어의 교란을 시작으로 불신과 오해가 증폭된다. 결국 전 세계로 뿔뿔이 흩어지게 되었다. 원래 하나였던 언어가 현재 7천여 개 언어로 갈라지게 된 시작이 바벨탑 사건인 셈이다. 여기서 중요한 부분은 언어가 하나였을 때는 문화가 하나였으나 언어가 달라지면서 각기 다른 문화권을 형성해간다는 점이다.

　의사소통은 언어가 같지 않아도 가능하다. 외국에서 현지어를 몰라도 언어적 비음성 도구인 '제스처'와 비언어적 비음성 도구인 '그림'을 활용하면 어느 정도 소통이 가능하다. 바벨탑 이야기 속 언어의 교란은 결국 문화의 차이로 인해 공감과 이해가 한계에 봉착한다는, 즉 모든 문화의 시작이 소통에서 출발함을 이야기한다.

이제는 스마트폰으로 대변되는 통합된 정보를 공유하며 다시금 원활한 소통으로 회귀하려 한다. 외국어를 공부하지 않아도 애플리케이션 하나면 대화가 가능한 시대로 접어든 것이다. 이것은 개인 간에도 적용된다. 굳이 직접 소통을 하지 않아도 SNS를 통해 타인의 삶을 어느 정도 들여다볼 수 있는 시대가 되었다. 이제 단순히 언어가 아니라 서로의 문화를 존중하고 그 존중과 공감을 기반으로 한 진짜 소통을 시작해야 한다. 보다 한국적인 소통은 막연한 정과 이해, 우리끼리라는 공동체가 아니라 따뜻함이다. 자신이 손해를 보더라도 더 어려운 상대를 위해 헌신하는 그 마음이다.

소통이란 단순히 말의 교류도 아니고 언어의 교환도 아니다. 본래 전하고자 했던 뜻과 생각을 원활히 나누고 그 과정 속에 의도를 온전히 전하려면 조금 더 진지하게 접근할 필요가 있다. 그래서 나는 소통을 교육할 때마다 힘주어 강조하는 것이 있다. '소통은 방법론이 아니라 태도의 문제다.'

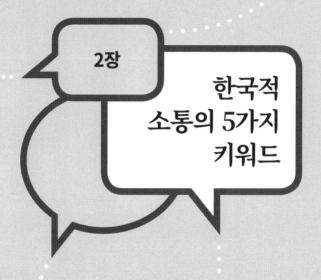

2장

한국적
소통의 5가지
키워드

로마에 가면 로마법을 새롭게 공부해야 하듯이 한 나라와 회사, 가정과 개인 역시 고유한 문화를 지니고 있다. 한국이라는 나라에서 주고받는 소통의 시그널을 제대로 이해하고 해석하기 위해서는 한국적 소통의 문화를 이해해야 한다. 단순히 보이는 소통의 현상이 아니라 그것이 발현된 배경이 바로 문화다. 우리도 모르게 '원래' 그런 것처럼 무심하게 표현하고 받아들였던 한국적인 소통을 한 걸음 떨어져 객관적으로 들여다보자.

01
'우리는 하나!'
집단주의와 공동체 의식 ———

원활한 소통과 좋은 관계는 상대와 동질집단이 되도록
공부하고 자극하며 교집합을 만들 때 가능해진다.

'우리'라는 단어의
불편함

두 아이가 말다툼을 하고 있다. "우리 아빠야!" "아니야! 우리 아
빠야!" 우리의$_{our}$ 아빠라면 둘 모두의 아빠가 아닌가? 그런데 왜
서로가 같은 말을 반복하며 핏대를 세우고 있을까? (물론 이 둘은
형제가 아니고 무슨 대화인지 충분히 이해도 된다.)

이렇듯 한국인은 흔히 인간관계를 설명할 때 '우리'라는 말을
사용한다. 외동아들이라 형제도 없는데 '나의 아빠'가 아닌 '우리
아빠'라고 한다. 그럼에도 사람들은 이 말의 의미를 찰떡같이 알
아듣는다.

"우리 남편이야, 인사해." 여기서 '우리 남편'은 조금 이상하게 들릴 수 있다. 미국인에게 '우리 남편'이라는 말은 둘의 공동 남편이라고 들린다. 물론 화자와 청자의 관계만 따져서 화자가 청자보다 아랫사람이면 "저희 남편입니다"라고 하겠지만 일상 대화에서는 주로 '우리'를 쓴다. 한국인이라면 여기서 말하는 '우리'를 복수의 개념으로 해석하지는 않는다. 그래서 우리끼리 소통에는 큰 지장이 없다. 하지만 '우리'라고 말하고 '나의'라고 해석하는 복잡한 소통방식이 가진 의미는 살펴볼 필요가 있다.

한국인은 오랜 기간 유교적 집단주의 문화 속에서 관계를 형성해왔다. 이를 바탕으로 한 결속력과 충성심으로 한국의 성장을 이루었다. 하지만 아무리 '너'와 '내'가 만나서 '우리'를 이루는 것이라고 해도 '우리'가 지나치게 남용되고 있다는 생각이 든다. 그것이 단지 하나의 표현으로써가 아닌 반드시 우리라는 사고를 기반으로 관계를 맺고 소통을 해왔던 문화를 말하는 '우리'이기 때문이다.

집단주의의 힘

"이번 주 본부장님과 저녁 약속 있는 거 다들 알죠? 가급적 시간 넉넉히 빼놔요." 회사생활을 하다 보면 불편한 자리가 있기 마련이다. 퇴근 후나 주말은 철저히 개인 시간인데 가끔 집단의 일원으로 시간을 박탈당하는 경우가 있다. 나도 예전에 친척 모임에 중요한 개인 일정을 내세웠다가 이런 소리를 들었던 적이 있다. "어른들도 다 오시는데"라고 말이다. 내가 모임에 참석해야 하는가와 참석하고 싶은가, 그리고 참석할 수 있는가보다 더 중요한 것은 '우리'이기에 반드시 참석해야 한다는 다짐이다.

이렇게 대한민국 사회를 유교문화를 기반으로 한 집단주의로 해석하기도 한다. 집단주의는 쉽게 개인주의와 반대되는 것으로 이해할 수 있다. 앞서 본 사례처럼 집단주의의 문화권에서는 개인과 집단의 이해가 충돌할 때 개인이 희생해 집단의 목표를 달성하도록 돕는다. 수직적 집단주의의 소통방식은 자연스럽게 위계를 형성하고 집단의 이익을 좇아 막연하게 동조하도록 조장한다. 경우에 따라서는 집단주의는 개인의 독립성과 독특성을 훼손하는 오류를 범하기도 한다.[14]

하지만 대한민국에 이런 식의 집단주의만 존재하는 것은 아니다. 학부모들의 연대나 재개발지역 주민들의 자치모임처럼 개인적 욕구에 따라 연합해 집단을 형성하고 타인과의 관계를 유지하고 확대하기도 한다.[15] 이러한 집단의 소통방식은 그나마 수평적인 방식을 취할 수 있다는 점이 다행스럽지만 이마저도 개인보다는 집단의 목적을 우선해야 하는 상황임에는 별반 다르지 않다.

우리는 하나,
그래서 목소리도 하나

'혈연, 지연, 학연.' 과거 우리나라의 관계 중심의 삶을 나타내는 상징적인 단어들이다. 무엇이든 집단을 구성할 수 있는 키워드를 갖게 되면 더 빠르게 성장할 수 있었고, 그렇게 충성을 다짐하고 내부 구성원끼리 결속해 단단한 집단으로 통합해가면 개인은 집단으로부터 평생 보호를 받을 수 있었다. 1970년대 새마을 운동이나 1997년 IMF 사태로 인한 금 모으기 운동 같은 집단행동 역시 '나'라는 개인보다는 '나라'를 위한 희생정신에서 출발했다고 볼 수 있다.

불과 수십 년 전만 하더라도 혼기가 차면 결혼을 해야 했다. 개인의 사랑이나 결혼에 대한 가치관보다도 가문과 가족의 확장 차원에서 이루어졌던 관습이었다. 혼인이라는 제도가 혈통을 계승하는 도구로 소비되고, 아들을 낳지 못하면 대를 잇지 못해 불효라고 인식했던 과거의 잔재이기도 했다. 그러다 보니 개인의 목소리는 점점 줄어들었다. 개인의 소신을 밝히면 현재 집단의 문제를 제대로 인식하지 못한 눈치 없는 사람이나 집단을 외면한 '배신자'로 낙인찍히는 일도 생겼다.

집단이 어느 방향으로 가고자 소리를 내면 개인의 생각을 표현하기 이전에 주변을 의식하고 과연 자신의 발언이 어떻게 들릴지를 고민하는 문화가 생기기도 했다. 실제로 유교 문화권의 집단주의의 잔재는 '나'보다는 '우리'라는 조직과의 조화와 그 안에서 자신의 체면을 중시하는 가치관을 갖게 한다.[16] 그래서 개인이 가진 소신을 쉽게 표현하기보다 우회적으로 돌려서 말하거나 무작정 동조하고 외면하는 부작용을 겪기도 한다.

이와 반대로 개인주의 문화에 가까운 서양권은 개인의 의식 차이를 존중하는 문화에서 형성된 소통방식을 가지고 있다. 그 결과 모두가 'Yes!'를 외칠 때 '내 생각에는…'처럼 자기 견해를 직접적으로 표현할 수 있다. 물론 집단 속에서 튀는 행동이나 돌출 발언을 무조건 소신이라고 포장하는 것도 무리가 있다. 하지만 적어도 옳은 의견을 낼 수 있는 상황에도 이 발언이 윗사람 심기를 거슬리게 한다거나 모두의 의견에 항거하는 행동으로 비춰질까를 고민하는 일은 없어야 하지 않을까?

이는 한국사회의 유교적 집단주의가 올바른 '관계주의'로 흐르지 못한 결과이기도 하다. 조직을 구성하는 최소 단위인 개인이 속한 다양한 조직 안에서 맺게 되는 관계만큼 다양한 형태의 소통을 하는 것이 건강한 소통의 형태다. 아버지는 아버지로서 역할을 해야 하지만 각 가정마다 다른 모습의 아버지가 존재하는 것이 맞다. 그런데 우리는 지나치게 획일화되고 경직된 집단의 모습을 강요했다. 그러다 보니 '결혼을 안 한' 사람에게 '아직 결혼도 못한'이라는 굴레를 씌워버린다.

과유불급,
공동체의 부작용

우리는 원활한 소통을 시작으로 갈등을 줄이고 더 나은 관계를 맺어가길 희망한다. 그런데 한국인의 집단주의적 공동체 문화에서 소통방식은 하나의 방향을 바라보지만 오히려 갈등을 일으키는 문제가 있다.

문제는 집단은 하나가 아니라는 점이다. 내가 속한 집단은 우리의 집단이지만 이 세상에는 우리의 집단만 존재하지 않는다. 우리와 새롭게 협력해야 할 수많은 집단과 개인들이 각자의 문화를 가지고 살아가기에 그런 문화와도 연대할 수 있는 수평적인 소통방식을 발휘할 수 있어야 한다.

하지만 집단주의 속에서 형성된 조직은 외부의 집단이나 개인에 대해 취득한 정보량이 적어서 그 이해의 폭이 좁을 수밖에 없다. 그래서 제한된 정보로 외부집단에 대한 이미지를 극히 단순화하고 고착화하는 스테레오 타입을 형성한다.[17]

만약에 중국이라는 나라를 떠올려보라고 하면 우리는 한국인이라는 입장에서 연관되는 몇 가지 특정화되는 중국을 떠올리게 된다. 일종의 집단적 이미지인 것이다. 하지만 중국이라는 나라가 가진 이미지는 하나가 아니다. 누군가는 '중국' 하면 '큰 나라'라는 이미지를 먼저 떠올리지만, 다른 누군가에게는 '조금 소란스러운 국민들'이라는 전혀 다른 개념으로 말할 수 있다.

이를 일반화하려고 하면 그때부터 갈등이 시작된다. 이를 지금의 정치권을 예로 들어 설명하면 이해하기 쉽다. 정치권이 보수와 진보라는 틀 안에서 자신들의 언어, 생각, 감정, 가치관만으로 다른 집단을 해석하고 있으니 늘 평행선을 달릴 수밖에 없다. 스테레오 타입으로 무장한 채 상대의 잘못을 지적만 하고 있으니 싸우는 그들도 지켜보는 국민들도 지치기는 매한가지다. 이념에 매몰되어 상대의 다양한 관점을 보지 못하는, 아니 보지 않으려는 맹목적인 시선을 가진 사람들은 대체 왜 그러는 것일까?

우리는
우리만 소중하다

인간은 중립적인 '척'을 하지만 실제로 중립적이기는 어렵다. 인간의 학습이 환경의 영향을 많이 받기 때문이다. 인간이라는 하나의 개체는 행동과 환경과 상호작용해 학습하고 변화를 일으킨다. 즉 인간의 행동은 자신의 내부와 외부의 자극이라는 단순한 작용개념이 아니라 더 복잡하고 어려운 구조로 학습을 한다. 이를 사회인지학습이론의 창시자인 앨버트 반두라Albert Bandura는 사회학습이론social learning theory으로 설명했다. 인간은 개인의 인지적 요인·행동적 요인·환경적 요인의 상호작용으로 학습한다는 것이 주된 내용이다.

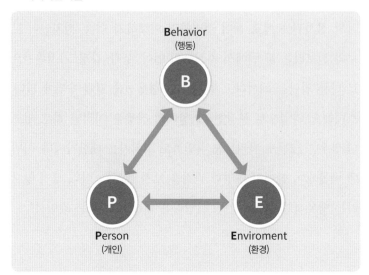

　자기가 속한 동질집단에 의해 학습하는 양이 많아 그만큼 정
보도 많이 취득해서 이해가 깊은데, 반대로 타인과 외부집단에
대한 정보는 제한되기 마련이다. 그러다 보니 자신이 속한 동질
집단의 사상이 환경이 되고, 그런 행동을 답습하며, 이에 자신의
신념이 결합되면 확고한 사상이 확립된다. 이러한 동질집단의 학
습과 동화가 일으키는 더 큰 문제는 자신들의 문제의 원인은 외
부에서 찾고, 외부집단의 문제는 그 내부에서 문제를 찾는다는
점이다.

　시험을 망친 자녀에게 부모는 이렇게 위로한다. "운이 나빴을
뿐이야." 하지만 옆집 아이가 시험을 망쳤다는 소식을 들으면 부

모는 자녀를 앉혀 놓고 이렇게 말한다. "걔는 노력이 부족했을 거야. 너는 그렇게 되지 않게 열심히 해야 해." 대체 무엇이 다른가?

원활한 소통과 좋은 관계는 상대와 동질집단이 되도록 공부하고 자극하며 교집합을 만들 때 가능해진다. 말로만 역지사지할 것이 아니라 행동으로 옮기고 부딪혀 체득해야 하는 것이 집단과 집단의 결합이고 협력일 것이다.

02 ——————— '자네, 그 표정은 뭔가?'
권위와 위계 ———————

한국인의 위계와 권위적 소통이 야기할 수 있는
문제점 4가지를 살펴보자.

**권위와
위계의 문화**

앞서 우리는 집단주의에서 개인에게 강요하는 희생과 동조에 대해 이야기했다. 개인이 집단 앞에서 무기력해지다 보니 원활한 소통이 어려워지고 심지어는 올바른 의견이 집단의 분위기에 무력화되기도 한다. 범위를 좁혀서 한국인의 소통이 가진 문제를 개인 대 개인의 시각으로 짚어보고자 한다.

과거 한국 가족은 그야말로 유교적 가부장제 아래에서 가장이 소통 과정에 권위와 책임을 가지고 소통을 주도해왔다.[7 재인용] 아버지 말씀에 감히 이의를 달지 못하는 문화나 TV 앞에서도 아버지가 가진 채널 선택권에 온 가족이 희생을 해야 했던 웃기고도 슬픈 일도 있었다.

최근 40~50년 동안 한국사회가 겪은 급격한 변화 속에서 자연스럽게 가족의 구성과 형태, 그 안에 존재하는 체계도 변했다. 그럼에도 여전히 사회 곳곳에 기존의 잔재는 있다. 이런 문화가 기존 한국사회에 고유의 소통문화로 오랜 기간 작용했지만 권위와 위계의 소통이 수직적 소통구조를 만들어 원활한 소통을 방해하는 문제점을 양산하고 있다.

가족뿐 아니라 기업의 계층과 성별 등에 따른 권위적 소통문화는 최근 개방적이고 변화 수용적인 사회문화와도 동떨어져 있다. 물론 관료적 권위주의라는 이름의 과거보다는 많은 부분이 변화되었다고 하나 여전히 정치권에서는 '제왕적'이라는 단어가 심심치 않게 등장한다. 이를 봐서는 아직 개선해야 할 부분이 많아 보인다. 우리의 오래된 문화이면서도 소통을 방해하는 도구가 되어버린 '권위와 위계', 무엇이 문제이고 어떻게 개선할 수 있을까?

할 말과
하지 못할 말의 사이

말콤 글래드웰Malcolm Gladwell은 『아웃라이어』에서 대한민국의 문화를 다룬 하나의 사례를 소개했다. 안타깝게도 한국의 문화를 부정적인 관점에서 다룬 그의 책은 전 세계적으로 베스트셀러가 되고 말았다. 출간된 지 10년도 넘었지만 그의 책 속 이야기는 여전히 국내에 크고 작은 사건이 터지면 언급된다. 이야기는 다음과 같다.

1997년 8월 5일 새벽 괌 공항. 대한항공기는 공항 전방 4km 지점에 있는 니미츠 힐에 정면 충돌하고 말았다. 9,800시간의 비행 경험과 같은 항로를 여덟 차례 왕복했던 기장이 있었고 폭우가 내렸지만 VOR(무선거리측정기) 같은 첨단장비가 충분히 커버할 수 있었던 상황이었다. 하지만 사고는 발생했고 안타까운 229명의 생명이 세상을 달리했다. 도대체 왜 그런 일이 벌어진 것일까?

항공기 사고는 조종 미숙, 관제 오류, 기체나 항공기 결함 등 그 원인이 복합적이다. 그렇기에 단순하게 무엇 때문이라고 단정하기 어렵다. 말콤 글래드웰은 당시 블랙박스에 남아 있던 기장과 부기장의 대화를 면밀하게 검토한 뒤 하나의 원인에 집중했다. 항공기가 비구름을 뚫고 내려온 후 부기장이 혼잣말처럼 이렇게 내뱉는다. "(활주로가) 안 보이잖아." 이 말은 착륙을 준비하는 상황에서 문제가 발견되었다는 사실을 의미한다. 만약 문제를 최초 발견한 부기장이 적극적으로 의사결정에 참여했다면 최악의 상황을 맞이하지는 않았을 것이라는 점이 글래드웰의 주장이다. 실제로 부기장이 문제를 인지한 그 시점에 조종간을 당겼더라면 충돌을 피할 수 있었다는 것이 밝혀졌다.

　과연 끔찍한 사고가 단지 부기장의 업무 태만과 보고 기술의 문제였을까? 글래드웰은 비행기 조종실이 더 자유로운 의견 개진이 가능한 수평적 의사소통 구조를 가지지 못했고, 더 나아가서는 경직된 위계라는 대한민국의 문화가 작용해서 그런 것이라 이야기한다. 이를 한 집단에서 수직적 관계의 위계질서와 권위를 얼마나 존중하는지를 나타내는 용어 '권력간격지수PDI; Power Distance Index'라고 한다.

　'PDI'는 네덜란드의 조직심리학자 홉스테드가 40여 개국 1만 1,000명의 IBM 직원들의 가치관을 조사하면서 처음 언급한 용어다. 이 조사로 같은 회사라도 각 나라마다 문화가 다르다는 것을 알 수 있었다. 문제는 PDI가 높은 국가일수록 비행기 추락 발생 빈도도 높다는 점이다. 그래서 2013년에 발생한 아시아나 보잉 777기 착륙 사고 역시 이런 권력 간의 소통 문제로 보는 주장도 있다.[18] 그 당시에도 오토 스로틀(auto throttle, 엔진 출력을 자동으로 조절해 항공기의 속도를 일정하게 유지해주는 장치)의 고장과 더불어 샌프란시스코 공항 관제탑과의 교신 문제 등이 있었지만 노조와 비노조 간의 감정의 골, 집단주의 문화가 자리잡은 항공사 내부 문제 등이 겹쳐져 기장과 부기장 간의 소통의 부재가 발생했다는 것이다.

처음 뵙겠습니다.
혹시 나이가?

위계와 권위, 권력의 간격은 소통에 얼마나 영향을 끼치는 것일까? 권력의 간격 차이는 국가별로 차이가 있다. 권력 차이가 작은 사회에서는 권력이 필요한 상황(직장에서 회의를 하는 상황)에서만 권력이 작용하고 기본적으로는 수평적인 관계를 지향한다. 하지만 권력 차이가 큰 사회는 특정 상황에 구애받지 않고 일상에서 권력이 부당하게 사용되는 경우가 많다.

한국에서는 처음 사람을 만나면 대화를 하다가 어느 때에 불쑥 이런 대화를 주고받는다. "실례지만 나이가 어떻게 되세요?"라고 말이다. 대개는 나이를 공개하고 나서 연령에 따른 서열을 만들고 자연스럽게 위계를 조성하는 식의 단계로 발전한다. "우리 막내랑 같은 나이네요. 그 나이 참 좋을 때네요, 하하." "그럼 편하게 말 놓으세요. 저도 형님이라고 부를게요."

결국 초면에 권력관계가 형성되고 잠시 후 술이라도 한잔 하려고 하면 손아랫사람이 자리도 알아보고 메뉴판을 가져오기도 하는 등 권력관계가 완성된다. 영어에는 상대방을 지칭하는 말로 'you'를 사용하지만 우리는 나이와 상황에 따라 '너, 자네, 당신, 그대, 야, 댁, 그쪽, 선생' 등 다양하게 표현한다.[16 재인용] 따라서 문화에 따라 권력의 차이를 달리 하며 이 권력의 차이는 계층의 차이를 만들어 소통에 여러 가지 영향을 끼친다.

권력의
스노우볼

한국의 소통문화는 초면임에도 위아래를 따져서 소통하는 방식을 재정립한다. 그러다 보니 퇴근을 해도 직장상사의 눈치를 본다. 심지어 퇴사를 했는데도 이전 직장상사를 어려워하는 사람들이 많다.

영화 〈의형제〉에는 한국의 독특한 권력 구조가 여실히 드러난다. 전직 국가정보원 '한규'는 작전 실패로 파면을 당하고 이후 남파 공작원 '지원'을 만난다. 이 과정에서 한규는 간첩 신고를 하지 않고 직접 간첩선을 찾아내기 위해 이전 직장, 그러니까 국가정보원 시절 부하 직원에게 도움을 청한다. 그런데 말이 도움이지 한규는 직장상사와 부하의 관계처럼 그를 부린다. 시도 때도 없이 전화하고 정보를 요구한다. 장비를 넘겨받거나 무시하는 말도 남발한다. 권력이 작용했던 관계가 청산되었는데도 여전히 둘 사이에는 해체하지 못한 문화의 잔재가 남아 있는 듯하다.

이외에도 한국인의 위계와 권위적 소통이 야기할 수 있는 문제점에 대해 몇 가지 살펴보자.

문제점1
형식적 소통만 남는다

비가 내리는 금요일 저녁, 기러기 아빠 신세의 신 부장이 퇴근 시간이 임박해서 무심한 듯 이야기한다. "비가 참 구슬프게 내리는구먼. 이런 날은 막걸리가 딱 좋은데 말이야." 이 말을 들은 김 과장은 신 부장 말의 숨은 의미를 간파하고 이렇게 대답한다. "그러게요. 그럼 어디 가서 간단하게 파전이나 먹고 가실까요?" 그런데 얼마 전 부서 이동을 해온 박 대리가 웃으면서 이렇게 말한다. "비 오고 금요일이면 차 엄청 막힙니다. 서둘러서 댁에 가시는 게 좋을 것 같은데요?" 물론 이후 이야기 전개가 어떻게 될지는 굳이 밝히지 않겠다.

조직사회에서 일명 '눈치 없는 부하'라는 낙인이 찍힐까 두려워서 늘 상사의 눈치만 보면 어떻게 될까? 아마 상사의 시선이나 말의 억양으로 감정을 살피다 보면 상사가 원하는 말만 하는 상사 맞춤형 소통이 되고 말 것이다. 조금 더 권한과 책임이 큰 상사에게 소통 채널을 맞추는 것이 큰 문제가 아닐 수 있다. 하지만 앞으로 상사와 부하 직원 간 업무상 필요한 대화만 나누며 심리적 거리를 유지하는 건조한 문화가 남게 될 공산이 크다. 즉 사람 사이의 따뜻함은 없고 비즈니스의 차가움만 남는 회사가 될 것이라는 이야기다.

가족관계도 마찬가지다. 권위적인 아버지의 눈치를 보는 자녀는 아버지의 심기를 거스르지 않도록 예의 바르게 행동한다. 그런데 자기 방에 들어가서는 불평을 쏟아내는, 이면적 교류를 한다. 부모 앞에서는 한없이 착한 자녀이지만 뒤에 가서는 전혀 다른 모습을 보이는 자녀라는 것을 알게 된다면 과연 부모는 뿌듯할 수 있을까?

문제점2
모두에게 손해가 생긴다

지난 몇 년간 대한민국을 달구었던 키워드 중 하나가 일명 '갑질'이다. 위계에 의한 비윤리적, 범법 사건으로 비화되는 갑질 사건은 다양한 형태로 끊임없이 터져 나오고 있다. 그 중에 땅콩 한 봉지 때문에 비행기를 회항시켰던 희대의 사건은 해외 언론에서도 대서특필되었다. 눈여겨볼 점은 〈뉴욕타임스〉가 이 사건을 보도하면서 '권력자의 횡포'라는 개념을 해석하는 방식이었다. 그들의 언어인 'Bossiness 위세 부림' 정도로 해석할 수 있는 일을 'Gapjil 갑질'이라고 표기한 점이 그렇다. 이는 우리나라 특유의 정신질환인 화병火病을 미국정신의학회에서도 '화병hwa-byung'으로 표기하며 인정한 것과 같은 사례다. 쉽게 말하면 갑질이나 화병은 대한민국만의 독특한 문화적 증후군이라는 뜻이다.

딱딱한 조직문화가 개인 간의 소통에 부정적인 영향을 미치고 이로 인해 하급자가 권력자의 눈치를 보는 것이 일상이 되는 현상. 그러다 윗사람의 비위를 거스르면 그 화가 모두에게 돌아오게 되는 구조다. 결국 권위와 위계의 문화는 그 힘을 가진 사람에게도, 또 없는 사람에게도 모두 손해를 끼치는 나쁜 장사다.

문제점3
실질적인 문제해결이 어렵다

위계와 권위의 문화는 앞서 다루었던 집단주의 문화의 연장선에서 봐도 무방하다. 조직이 구성되면 그 안에 서열이 정해진다. 집단주의 문화가 만든 조직에 대한 충성은 회사 자체에 대한 충성심과 더불어 '직책'에 대한 충성심까지 강요한다. 그러다 보니 '나'라는 개인보다는 조직의 안위를 우선에 두어 개인의 불편함을 감내하고 희생하는 단계로 발전한다.

과거에는 하위 계층에 있더라도 권력자 위치에 올라 조직을 움직이는 힘을 가질 수 있었다. 어쩌면 그 어려운 시간은 당연하게 거쳐야 하는 과정이라고 이해하기도 했다. 하지만 요즘처럼 불확실한 시대를 사는 사람들은 조금 입장이 다르다. 안정적인 직장생활은 물론 나라의 미래와 개인의 삶이 불안정한 현재 세대들은 더이상 집단에 통제되거나 상사에게 주눅들지 않는다. 결국 조직의 발전을 위한 문제의식을 갖지 않고 위계와 권위라는 소통의 장벽 앞에 문제가 없을 선에서 자기 할 일만 하는 수동적인 인간만 남을 가능성이 크다. 실질적 문제해결이 아니라 형식적인 소통과 행동만 남는 문화가 생기는 악순환이 되는 셈이다.

문제점4
조직을 병들게 한다

지금보다 유교문화가 더 깊숙이 자리했던 조선시대는 어떠했을까? 왕에게 고언을 하는 신하를 충신으로 생각했다. 다만 왕의 권위가 어느 선을 넘어 강력한 권력으로 자리하면, 왕의 입맛에 맞는 말만 골라서 하는 간신들이 득세한다. 그러면 조직 발전에 도움이 되는 옳음義은 사라지고 이익 집단의 이득利得만 남아 조직이 병든다.

독일의 비정부기구인 국제투명성기구TI; Transparency International에서는 매년 국가별 부패 순위를 발표한다. 이를 부패인식지수CPI; Corruption Perception Index라고 한다. 주로 사업 및 금융기관 종사자를 대상으로 공무원과 정치인이 얼마나 부패했는지를 묻는다. 모든 국민을 대상으로 일반화하는 것은 무리지만 그래도 국가의 청렴을 확인할 수 있는 척도로는 충분하다.

2018년 발표 자료에 따르면 대한민국의 부패인식지수는 57점으로 조사대상국 내 45위를 차지했다. 이탈리아나 헝가리보다는 높지만 73점으로 18위에 랭크된 일본과는 큰 차이를 보인다. 중요한 점은 국제투명성기구에서는 50점을 완전 부패를 막 벗어난 수치로 보고 있으며, 100점 만점으로 수치화하기 시작한 2012년부터 대한민국은 단 한 차례도 50점대를 벗어나지 못했다는 사실이다.

소통을 이야기하다가 부패인식지수를 꺼내든 이유가 있다. 바로 권력간격지수가 부패인식지수에 영향을 주어서다. 수직적 소통이 원활하지 않으니 권력자의 부패에 간섭하는 것이 어려워 조직이 병들어간다. 이것이 우리가 고질적인 위계문화를 개선할 필요가 있다는 단편적 증거다.

'아니, 뭐 꼭 그런 건 아니고' 소극적 참여

집단에 속해 있더라도 개인의 가치관을
중시하는 문화가 생성되어야 한다.

나는
왜 그랬을까?

오래전에 미국 샌프란시스코로 여행을 간 적이 있다. 해외여행이 익숙하지 않았을 때이고 미국 본토로 가다 보니 영어가 서툴렀던 나는 떠나기 전부터 긴장을 많이 했다. 샌프란시스코에 도착하자마자 생수를 한 병 사려고 편의점에 들렀다. 나는 온통 영어로 꽉 차 있는 공간에서 길게 생각하지 않고 가격이 딱 1달러라고 쓰여 있는 생수를 집어들었다. 이는 최대한 대화를 적게 하려는 나름의 계획이었다. 하지만 나의 계획은 얼마가지 못해 난관에 부딪히고 말았다. 계산대 앞에 내 차례가 왔을 때다. 최대한 자연스럽게 보이려고 생수를 올려놓고는 가격이 얼마인지 알면서도 굳이 물었다.

"How much is it?" 주머니에는 대답에 맞춰 꺼내려고 손에 쥔 1달러 지폐가 있었고 내 눈은 슬그머니 점원을 향했다. 그런데 의외의 대답을 하는 것이 아닌가? "Hi, How are you?" '얼마냐고 물었는데 왜 내 안부를 묻는 거지?' 예상치 못한 대화에 살짝 당황했지만 이내 평정을 되찾고 교과서에서 알려준 대로 대답했다. "Fine, Thank you! and you?" 내 목소리가 얼마나 컸던지 점원은 물론 줄 서 있던 미국인들 모두가 키득거렸다. 대화 자체의 문법은 문제가 없었지만 그것을 표현하는 감정과 말의 속도가 너무 경직되었던 것이다.

아마 그들 눈에는 내가 잔뜩 긴장해서 어리바리하게 서 있던 아시아 청년쯤으로 보였을까? 지금 돌이켜 생각해도 그 짧은 대화를 왜 그렇게 했었는지 모르겠다. 아직도 그 일만 생각하면 자다가도 이불을 차며 부끄러움에 치를 떤다.

익숙함에
익숙해진 사람들

그 미국인의 "How are you?"는 나의 안부가 진심으로 궁금했다기보다 대화의 시작을 말랑하게 하는 스몰토크였을 것이다. 사실 현지에서는 만나면 하는 인사였을테니 의미 없이 웃으며 "I'm fine"만 했어도 무난했을 텐데 굳이 학창시절에 배운 문법에 얽매여 바보 같은 대화를 하고 말았다.

소통은 '말을 잘하는 것'이 아니라 서로의 문화를 공유하는 것임에도 모든 것이 서툴렀던 때라 그렇게 흑역사를 만들었다. 그런데 곰곰이 들여다보면 나뿐만 아니라 우리는 누군가와 만나면 쉽게 대화를 나누거나 눈치 보지 않고 자신의 생각을 표현하는 것이 서툰 편이다. 내가 미국에 가도 그들에게 말을 거는 데 용기가 필요한데, 한국에 여행 온 외국인이 말을 걸어와도 그와 별반 다르지 않다.

실제로 처음 보는 상대방과의 의사소통에 있어 미국, 유럽과 같은 서양 문화권 사람들과 한국, 일본 등과 같은 동양 문화권 사람들의 태도는 조금 다르다. 모르는 사람을 만났을 때 의사소통을 하는 빈도를 보면 서양인이 동양인에 비해 약 2배가량 높다.[19] 이런 소극적인 태도는 모르는 사람과의 소통뿐 아니라 적극적인 참여가 요구되는 상황에서도 고스란히 드러난다.

흔히 한국의 제도권 교육을 '주입식'이라고 표현한다. 상호작용 없이 일방적으로 지식을 들이붓는 교육방법은 스스로 움직이는 '학습學習자'가 아닌 수동적으로 기능하는 '피교육被教育생'을 양산했다. 그러다 보니 안 그래도 선생님의 권위에 눌려 자유로운 소통이 제한된 상태에서 자칫 잘못 말하기라도 하면 웃음거리가 되거나 혼날까봐 입을 다물고 만다. 입만 다무는 것이 아니라 생각을 하는 뇌가 닫히고 어려운 상황을 헤쳐나가려는 도전의식까지 문을 닫는다.

그래서 우리는 아는 것에는 익숙하게 다가가지만 모르는 것은 배척하고 어려워한다. 수업시간에 갑자기 던지는 선생님의 질문에 익숙하지 않았던 우리는(최소한 우리 세대는) 답을 하려는 노력보다는 최대한 빨리 이 순간이 지나가기를 바라기도 했다. 그러면서 대부분 머릿속에 이런 생각을 떠올렸으리라. '아, 누가 나 대신 좀 답해주지!'

소극적인 자세

2010년 11월 한국에서 개최된 G20 정상회담에서 한국인의 소극적 자세를 보여주는 대표적인 에피소드가 있다. 회의를 마치고 이어진 기자회견 말미에 당시 미국 대통령 오바마는 개최국인 한국 기자들에게 별도의 질문을 하도록 배려했다. 한동안 정적이 흘렀고 아무도 질문하지 않았다. 결국 중국 기자가 대신 질문해도 되는지를 물었지만 오바마는 한국 기자들에게 기회를 줘야 한다고 거절했다. 그러고는 꼭 영어를 쓰지 않아도 통역이 되니 편하게 질문할 것을 공지했다. 그럼에도 그 누구도 나서지 않았고 질문 기회는 중국 기자에게 돌아갔다. 지금 봐도 괜히 낯뜨거운 그때가 한국인 전체를 대변한다고 일반화하고 싶지는 않다. 시간이 조금 흘러 우리나라에서도 대통령과 '즉문즉답(즉시 묻고 즉시 답하다)'을 하며 날카로운 질문을 던지는 모습을 종종 볼 수 있으니 말이다.

기자회견이라는 '상황'에서 '기자'라는 역할을 맡은 이에게 요구되는 소통의 자세는 현안과 관련한 생각과 그로 인해 발현되는 최소한의 궁금함, 그리고 소통을 통해 해결하려는 적극적인 질문이다. 하지만 G20 정상회담 기자회견이 열렸던 그날, 그곳에 있었던 기자들 중 누구도 적극적인 모습을 보여주지 못했다. 평소에 과학적 사고가 없어서 그런 것인지 아니면 질문할 소재가 없었던 것인지, 그것도 아니면 생각은 있었는데 기대 없이 왔기에 그 생각들이 정리가 안 된 것인지는 모를 일이다. 하지만 예측되는 한 가지는 있다. 그들도 아마 학창시절을 떠올리며 이런 생각을 하고 있지는 않았을까? '아, 누가 나 대신 질문 좀 해주지!'

'그럴 수도 있어!'라는
뻔뻔함

"모난 돌이 정 맞는다"라는 말이 있다. 모르는 사람과의 대화를 꺼려하고 잘 모르는 것에 대해서는 나서지 않고 알아보려는 노력을 덜하는 습성이 엿보인다. 전체적으로 소통에 적극적이지 않고 회피하는 모습이다. 그러다 보니 익숙한 사람들과의 결속력이 강화되고 새로운 것을 배우려는 변화대처 능력이 약화되어 문화의 고착화가 심해지는 우려가 있다.

조금 비약이 들어간 것 같지만 그렇다고 한국인을 설명하는 표현으로는 영 틀린 말도 아닌 것 같다. 2장을 시작하며 한국인의 집단주의와 공동체 의식에서 오는 동질집단에 대한 이해, 그러니까 자기들끼리는 쉽게 이해하려 하고 외집단과 타인에 대해서는 학습하려 하지 않고 배척하는 자세를 이야기했는데, 그 연장선상이다.

과거 대한민국이 비약적인 경제발전을 이루면서 '불안정한 것'보다는 '확실한 것'을 추구하는 효율성을 따지게 되었다는 것은 어쩔 수 없는 선택지라 할 수 있다. 하지만 이제 우리에게는 빨리 빨리 이루어야 할 '효율'의 시대가 아니라 차근차근 재단을 점검하는 '효과'에 집중해야 하지 않을까?

"그래서 할 말이 뭔데?"라며 효율만 다그치는 소통방식은 표현이 서툰 사람에게는 대화의 단절을 불러일으킬 뿐이다. 학교 교실에서도 정답이라는 결과만 인정하는 문화 때문에 틀릴 수도 있다는 불안을 유발하고 도전정신을 가로막는다. 또 다른 길로 잘못 들었지만 의외의 새로운 길을 만날 수 있는 '창의'도 가로막는다. 그렇기에 유대인의 교육법 '하브르타'가 각광받고 있는

지도 모른다. 선생님의 질문에 정답이 아니라 자신의 생각을 표현하는 학생들이 그렇다. 선생님은 "네 생각은 무엇이지?"라는 질문으로 시작해서 "그렇게 생각한 이유는 무엇이지?"로 이어지고 "그럴 수도 있겠구나"라고 마무리하는 경우가 많다.

문화는 오랜 기간 다양한 요소의 결합으로 만들어진다. 그 복잡성 때문에 문화를 형성하는 것도 또 개선하는 것도 힘들다. 지금 시점에서 소통문화의 변화를 위해 우리가 노력할 수 있는 것은 새로운 변화에 대한 최소한의 인정, 즉 '그럴 수도 있어' 정도가 아닐까 싶다.

다양함의 수용과
불안함의 회피

내친김에 샌프란시스코 여행 이야기를 하나 더 해보려 한다. 산책하다가 만난 다양한 인종과 그들의 생김새는 미국에서는 보편적이기에 넘어가더라도 옷차림이 살짝 눈에 띄었다. 인도를 걷고 있는 사람들의 옷차림이 여름에서 초겨울까지 매우 다양한 것이 아닌가? 누군가는 긴 코트에 모자를 쓰고 있고 또 누군가는 민소매 티셔츠에 반바지를 입고 다녔다. 이는 샌프란시스코의 기후 때문인데 일 년 내내 지중해성 기온 덕에 쾌적하고 여름철에도 무덥지 않고 선선해서 그렇다. 옷차림이 다양하고 누구도 자신과 다른 차림새에 관심을 두지 않는다.

뜬금없이 날씨 이야기를 꺼내는 것이 아니다. 자신과 다름에 눈치 보지 않는 문화, 그 다양성을 굳이 수용하려 노력하지 않아도 되는 일상에 대해 이야기하고 싶다. 최소한 모르는 사람과도 쉽게 융화하고 궁금한 것은 지속적으로 질문하는 그들의 모습에는 환경이 작용했을 것이다.

이는 홉스테드가 제시한 '불확실성 회피 지수Uncertainty Avoidance Index'로 설명할 수 있다. 불확실성 회피가 낮은 나라의 사람들은 내 주장이 다른 사람의 주장과 달라도 별로 관심을 갖지 않거나 신경을 쓰지 않는 경향이 있다. 반면 불확실성 회피가 강한 나라에서는 소통상황에서도 안정성을 추구한다. 불확실성 회피가 낮은 문화권에서는 자신의 의견을 쉽게 제시하고 모르는 사람과도 쉽게 융화하며 설령 정답이 아니라 해도 "So What?"이라며 여유를 부린다.

불확실성 회피가 높은 문화권에 속한 한국인은 자기 생각을 말하면서도 '아마도'라는 말을 붙이며 조심스럽다. 실제 경험을 이야기하면서도 '~것 같아요'라고 표현한다. 그래서 불확실성 회피가 낮은 나라 사람들은 자신과 다른 사람이나 상황에 대해 관대하고 또 호기심을 갖기도 하지만 반대의 문화권 사람들은 같은 상황에 놓이면 불편해하고 어려워한다.

가끔은
유니크하게

우리의 미래가 불안할 수 있는 것처럼 새로운 행동과 새로운 사람과의 만남도 그러할 수 있다. 불확실성 회피가 높은 나라의 경우 이런 불안함을 제거하기 위해 규율과 제도를 중요시하고 정통성을 벗어나지 않도록 하는 경향이 있다. 한국인의 경우 자기주장을 하는 과정에서 '너무 튀는 건 아닌가?'라는 염려나 '혹시 실수하면 어쩌지?'라는 자기검열을 자주한다. 이는 바로 규정의 틀에 갇혀 있어서 그렇다.

영화나 드라마 사극을 보면 한국 사람의 규정에 대한 강조를 흔히 볼 수 있었다. 예를 들어 세자가 궁을 산책하다가 어린 치기에 돌출행동을 한다. 그러면 신하가 득달같이 달려와 이렇게 말하지 않는가? "저하, 그것은 왕실의 법도에 어긋납니다." 법을 어기는 것은 분명 금해야 하지만 보편성에 대해서 지나치게 규제하는 것은 오히려 불편하다.

한여름이라도 감기에 걸린 사람은 긴소매 셔츠를 입을 수 있어야 하고 틀릴 수도 있지만 일단 질러볼 수도 있어야 한다. 이를 위해서 집단에 속해 있더라도 각 개인의 가치관을 중시하는 문화가 만들어져야 한다. 집단의 색깔에 눌려 개인의 다양성을 잃어버린다면 대인관계의 발전도, 조직의 성장도 기대하기 어렵다. 결국 하나의 조직은 개인의 집합에서 형성되고 새로운 문화 역시 개인의 행동에서부터 생성된다.

새로운 것을 무작정 수용하고 돌발적인 언행을 존중하라는 것이 아니다. 더불어 살다 보면 가끔 암묵적으로 약속한 보편적인 형태에서 벗어난 생각과 행동을 하는 사람들이 있을 수 있음을 인정하는 것을 말한다. 그래야 영어 한마디를 못해도 소통을 시도할 수 있고, 그러다 보면 서로를 이해하게 되어 관계의 울타리가 넓어지고 신뢰가 두터워지지 않을까?

04
── 보이고 들리는 게 전부가 아니다,
함축적 표현 ──────────

소통 상황에 있어서 눈치게임을
적극적으로 하는 자세가 필요하다.

**뿌리 깊은
습관**

"말 많은 집은 장맛도 쓰다"라는 속담이 있다. 말만 화려한 사람
은 실제 덕이 없다는 것으로, 말보다는 내면의 아름다움을 가꾸
는 것이 중요하다는 의미 정도로 해석할 수 있다. 말의 표현이라
는 것은 말하는 사람의 내면의 가치관을 통해 발현된다. 그렇기
에 이 속담은 말 이전에 갖춰야 할 전제조건에 대한 이야기라고
할 수 있다.

'말'과 관련있는 속담을 살펴보면 공통적으로 추구하는 소통
문화의 형태를 볼 수 있다. 모두 말을 잘하는 것보다는 아끼는 것

과 잘 듣는 것의 중요성을 강조한다. "혀 밑에 도끼가 있어 사람이 자신을 해치는 데 사용한다"라는 속담 역시 말이 재앙을 불러올 수도 있으니 조심하게 다루어야 한다는 의미다.

그런데 도끼를 잘 쓰면 추운 겨울에 필요한 장작을 가져다주기도 하지 않는가? "낮말은 새가 듣고 밤말은 쥐가 듣는다"라며 말의 조심성을 강조하고 "노랫소리가 아무리 아름다워도 오래 들으면 싫증이 난다"라며 좋은 이야기라도 정도껏 하라고 한다.

생각해보니 우리나라에서는 말을 잘하는 사람들에게는 칭찬보다는 눈치를 주거나 비아냥거리며 말의 역기능을 경계해왔다. 물론 말하기 전에 내면을 바르게 하고 생각을 깊게 하는 것, 상대방의 말을 잘 들어주는 것은 소통과정에서 매우 중요한 자세다.

소통은 언어와 비언어의 교환 과정일 뿐 아니라 그 사람의 평소 모습에서 묻어 나온 신뢰와 현재 상황, 서로의 감정 등의 복합적 산물의 교환이다. 물론 말만 잘하는 것을 좋은 소통이라고 규정하기 어렵다. 그렇다고 해서 의사소통의 '의사'를 잘 표현하는 것을 터부시한다면, 그 또한 좋은 소통이 아니다. 모든 것이 정도의 문제이지 무엇이 옳고 무엇이 그르다고 선을 그을 수 없는 문제다. 상대방을 존중하고 의사를 잘 헤아리는 것은 좋은 소통의 조건이다. 다만 상대가 자기 의사를 적극적으로 표현할 수 있어야 그 마음을 더 쉽고 더 깊게 공감할 수 있다.

말하지 않고
소통하는 것

"남자가 뭐 이렇게 말이 많니?" 과거 내가 학창시절에 어른들에게 자주 들었던 말이다. 남자가 갖춰야 할 근엄함이 조금 부족해 보인다는 지적이었을까? 평소 밝은 성격 덕분에 말하기 좋아했던 나는 친구들에게는 인기가 좋았지만 유독 어른들에게는 그렇지 못했다. 그런데 이 말에도 조금 따져봐야 할 부분이 있다. 남자가 말이 많은 것이 문제라고 지적하려면 반대로 여자는 괜찮다는 전제가 성립되어야 하는데 막상 이것도 그렇지 않다. 애초에 우리 문화에는 여성이 뜻과 생각을 당당히 드러내는 것을 좋게 보지 않았다. "잔소리는 여자의 입버릇이다"라는 말은 여성의 말을 늘 듣기 싫은 소리라고 일반화했고, "암탉이 울면 집안이 망한다"라는 속담은 여성의 리더십 자체를 용납하지 않았다.

그렇다면 왜 우리나라 사람들은 적극적인 표현보다는 소극적인 자세를 중요시하는 것일까? 한국인의 종교를 조금 비춰보면 우리가 소극적 자기 표현의 길로 들어선 정황들을 발견할 수 있다. 『논어』「이인편里仁篇」에는 '先行其言 而後從之(선행기언 이후종지)'라며 '군자는 말보다는 행동이 우선시되어야 함'을 강조했다. 불교에서는 부처의 유명한 일화 '염화시중의 미소捻花示衆 微笑'를 통해 굳이 말로 표현하지 않는 '이심전심以心傳心'을 강조했다. 노자는 『도덕경』45장을 통해 '가장 위대한 웅변은 눌변'이라고 하며 자신의 생각을 간결하게 표현하는 것이 중요하다고 말했다. 이처럼 유불도 3교는 모두 적극적인 자기표현의 필요성을 인정하지 않고 오히려 말을 줄이거나 표현을 정제하는 데 무게를 두었다.

이러한 사상에서 길들여진 소극적 언어 표현은 자연스럽게 비언어적 표현을 중요시하는 결과로 이어졌지만 이 또한 적극적 표현으로 전이되지는 않았다. 우리 문화에 깊이 박혀 있는 '예禮'로 인해서 윗사람에 대한 몸가짐도 많은 제약 속에 이루어져야 했기 때문이다.

소통의
눈치게임

예의禮儀를 기반으로 하는 우리의 소통은 자신의 주장만큼이나 상대의 발언에 대해서도 존중하고 배려하는 문화를 형성했다. 이는 상대방의 말을 끊거나 자기주장을 강하게 해서 대립하는 상황을 만드는 것보다 집단의 조화를 더 중요하게 여긴 탓이다. 자연스럽게 동양 문화권에서는 각자가 발언할 권리와 시간적 분배를 정확히 하는 문화가 형성되었다.

일본인 역시 회의나 토론처럼 의사소통 상황에서 참가자에게 부여된 발화권의 시간을 짧고 균등하게 부여한다.[20] 굳이 나서서 말하지 않아도 자신에게 부여된 권리를 활용하면 될 것이기에 소통에 적극적으로 개입하지 않았다. 하지만 정치권의 말다툼과 막말 소통을 보다 보면 꼭 그렇지는 않은 것 같다. 이는 소통문화의 진단이 잘못되었거나 시대의 변화라고 보기보다는 소통의 복잡성으로 이해하는 것이 옳다. 현재 소속되어 있는 조직의 특성과 개인의 역할, 무엇보다 내집단에 대한 동질성에 비해 외집단에 대한 배척의식이 공격적으로 작용한다고 이해하는 편이 옳다. 또한 한국인의 감정 관리에서 그 실마리를 찾을 수 있다. 이는 4장 감정 관리 부분에서 다시 짚어보기로 한다.

서양 문화권의 공식적 상황의 말하기는 어떠할까? 미국인의 경우 회의 등의 상황에서 한 사람에게 주어지는 발화시간이 짧은 데다 발화권 자체가 균등하게 제공되지 않기에 소통에 경쟁적으로 참여하는 모습을 보인다. 그래서 상대방이 말을 하고 있는 상황이라도 언제든지 개입하고 상대의 말할 권리를 빼앗으려 하기에 다소 무례하다는 인상을 준다.

이에 반해 한국인은 상대방의 의견과 대립하는 상황에서도 최대한 완화하는 방향으로 소통을 유도한다. 여기서도 배려와 존중의 소통방식이 적용된다. 예를 들면 '네 말도 일리는 있어 하지만'이라는 표현이나 '교수님의 말씀에 충분히 공감합니다. 그러나 제 생각에는'이라며 상대의 의견에 지지를 보내며 자신의 논리를 이어가는 습성이 보인다.

동양과 서양의 소통방식 중 무엇이 더 좋고 덜 좋은지는 상황마다 다르게 해석될 것이다. 다만 자기표현을 덜하되 상대의 표현에는 지지를 보내는 한국인의 소통이 때로는 소통의 왜곡과 실질적 문제해결에 발목을 잡을 수도 있어서 우려가 생긴다. 이제 우리에게도 상대의 말에 반박하는 의견을 내고 자신의 뜻과 생각을 명확하게 전달하려는 노력이 필요하다. 소통 상황에 있어서 눈치게임을 적극적으로 하는 자세 말이다.

함축의 미학

흔히 한국인의 소통을 암묵지적 소통에 비유한다. 암묵지는 학습과 체험으로 습득되어 있지만 겉으로 드러나지 않는 상태의 지식이다. 암묵지적 소통은 말 그대로 직접적으로 표현하기보다 자연스럽게 드러나는 소통방식을 의미한다. 그러므로 언어적 표현보다는 비언어적 표현을, 적극적인 개입보다는 정제된 방식을 선호한다. 반대로 서양 문화권 사람들을 형식지에 비유한다. 확실하게 생각을 구조화하고 논리적으로 설득한다. 상대방이 말을 하고 있더라도 자신의 주장을 그 틈 사이로 밀어넣는 방식을 취한다.

그 옛날 할아버지의 헛기침 한 번이 의미하는 바를 어른들은 알았던 것 같다. 굳이 말로 표현하지 않아도 뜻이 전달되는 과정 속에서 비유와 함축이 발달했다. "아이고 다리야"라는 말을 문법적으로 해석하면 다리가 아프다는 뜻이다. 하지만 지하철에서 앉아 있는 청년 앞에서 무릎을 어루만지는 할머니의 독백이라면 전혀 다른 뜻이 된다. 할머니는 자리 양보를 기대하는 이성적인 소통보다 자신의 처지를 이해해주기를 바라는 마음을 함축해 소통을 시도한 것이다. 그러고는 다리가 아프다는 표현에 청년이 통찰력을 발휘하기를 기대할 것이다.

물론 정확한 의사표현이 좋다고 해도 자기 이익과 관련한 요구를 노골적으로 하면 관계를 불편하게 만들 수 있다. 그래서 상대방의 사정과 의사를 알 수 없는 상황에서 '자리를 내놓아라'고 요구하는 것은 좋은 소통이 아니다. 그래서 무언가를 바라거나 대놓고 말하기 어려운 이슈는 암묵적 소통방식을 활용해 상대가 알아주기를 바란다.

다행히 청년이 할머니의 메시지를 제대로 읽고 자리에서 벌떡 일어나 자리를 양보했다. 참 다행이다. 현재 펼쳐진 상황을 서로가 공감하고 이해하니 소통이 원활해졌다. 그런데 함축적 소통은 끝나지 않았다. "여기 앉으세요"라고 말하는데 할머니는 청년에게 한껏 미안한 얼굴로 한 번 더 수를 던진다. "아니여 아니여~ 괜히 미안하게시리~." 그 뒤로 청년의 계속된 권유에 할머니는 못 이긴 척 자리에 앉으며 이렇게 말할지도 모른다. "아유~ 괜찮다니까. 정말 부끄럽게."

05 —————— '정',
한국적 소통의 키워드는 감성 ——

한국적 문화의 왜곡으로 짐을 짊어지지 않도록
서로에게 득이 되는 올바른 감성을 발휘하자.

코리안 타임의
문제

"에이, 그럴 수도 있지." 한국사회에서 두드러지는 문화 중 하나
가 융통성이다. 음식을 만들 때도 레시피를 따르기보다는 '소금
약간 하고 고춧가루는 적당히'라는 식의 감에 의존한 요리를 해
오던 것도 규칙보다는 여백을 중시하던 문화에서 기인한다.

우리나라의 융통성과 여유는 특정한 상황이 아니라 삶 전반에
만연해 있다고 해도 과언이 아니다. 오히려 너무 각을 재고 딱딱
하게 굴면 정이 없는 사람이라는 핀잔을 들을 정도로 한국 사람
의 마인드는 타인과 세상에 개방되어 있다.[21]

하지만 모든 일에는 정도가 있어야 균형이 맞는 법. '융통融通성'을 인간관계에 잘못 적용하면 '유통流通'되지 않는 '불통不通'의 결과를 만들 수 있다. 일명 코리안 타임이 그렇다. 5분쯤 늦는 것을 용인해주는, 한국인의 시간 약속에 대한 융통성 말이다. 시간 약속에 조금 늦더라도 나름의 사정을 이해하고 참아주는 것은 늘 제 시간에 온 사람의 몫이다. 원칙을 지키면 손해 보는 일이 생기고 이 사이에서 '일찍 갈 필요 있겠어?' 하는 불신이 싹튼다. 결국 관계에 금이 가는 일로 번지지 않을까?

다음은 함께 영화를 보기로 한 친구들의 대화다.

친구1 오늘 7시보다 조금 일찍 만날까?

친구2 그렇게 하자. 영화 시작 전에 끼니도 때우고 좋겠네.

하지만 원래 약속했던 7시에 나타난 친구2.

친구1 일찍 오라니까 왜 늦게 오는 거야!

친구2 미안. 차가 막혀서 그랬어. 그리고 원래는 7시에 보기로 했었잖아. 영화 시간에 늦은 것도 아닌데 화 좀 풀어.

친구2에 따르면 늦은 것은 미안하지만 그렇다고 큰일이 생긴 것도 아니다. 영화 시간은 애초에 7시였기에 무리 없이 관람할 수 있다. 그렇다면 일찍 나와서 기다린 친구가 너그럽게 이해해주면 만사형통이다. 애꿎게 서둘러 나온 사람만 속이 탄다.

여기서는 친구 사이라는 '연대'를 유지하기 위해서는 늦었다는 이성적 결과보다는 늦은 사람의 마음을 헤아려주는 정情, 즉 감성의 소통을 강요한다. 물론 큰 실수가 아닌 이상 친구 사이에 너그럽게 용서하고 이해하는 것이 둘의 '우호적 관계'에 도움이 된다. 하지만 그렇게만 하면 이 관계가 올바르게 유지된다고 장담할 수 있을까?

도대체
왜 저러는 거예요?

최근 전 세계 가입자 1억 3천만 명을 돌파한 인터넷 텔레비전 네트워크 업체 넷플릭스에서 한국 드라마를 제작해서 큰 인기를 모았다. 바로 〈킹덤〉이다. 이 드라마는 전 세계 190여 개국으로 송출되어 그야말로 글로벌한 시청자를 두게 되었다. 나도 재미있게 본 드라마인데 시청하면서 한 가지 생각이 떠올랐다.

조선후기의 시대적 배경을 둔 〈킹덤〉을 보고 과연 서양인은 얼마나 공감을 할까 싶었다. 우리가 보기에도 낯선 조선 왕조시대의 문화는 차치하기로 한다. 어머니가 돌아가신 후 묘지 옆에서 상주하며 3년 상을 치르는 안현대감이 등장한다. 과연 그 모습은 유교문화가 생소한 서양인에게 어떻게 비추어질까? 우리들은 거리낌없이 받아들이는데 서양인은 물론 요즘 세대들에게는 어떻게 이해될까?

원활한 소통을 위해서는 이 문화를 구분해 다루어야 한다. 서양의 감성과 동양, 특히 한국적 감성은 분명한 차이를 보일 테니 말이다. 예를 들면 나이를 중심으로 서열이 재정리되는 것이나 어른이 이야기를 하면 먼저 새겨들어야 한다는 관습은 다른 문화를 가진 이들이 이해하기 쉽지 않을 것이다.

"말씀은 저렇게 하시지만 다 너를 아끼니까 그러시는 거야. 네가 아빠를 이해해야지." 아직까지 한국에서는 부모님의 서투른 표현보다는 속내에 더 깊이 공감하는 것을 자식이 행해야 할 하나의 도리로 보는 경향이 있다. 의사소통은 '화자-메시지-방식-청자'의 상호작용인데 대한민국에서 특히 연장자와 소통하기 위해서는 오로지 나이 어린 '청자'의 노력만 중요한 것처럼 보인다.

물론 서로를 이해하고 배려하는 노력의 비율을 5:5로 평등하게 가져가는 것은 나이를 떠나 모든 상황에서 불가능하다. 다만 한국의 전통적인 문화와 정을 기반으로 하는 소통과 불평등한 소통이 명확하게 구분되어야 한다. 소위 '개떡같이 말해도 찰떡같이' 알아들어야 하는 상황이 오로지 나이 어린 청자에게만 적용되는 것은 개선할 필요가 있다.

환경에 속한 개인,
공동체로서의 정

우리는 앞서 여러 가지 주제로 한국문화와 독특한 소통방식을 다루었다. 이를 중심으로 정을 바탕으로 한 따뜻한 소통이 무엇이고, 어떻게 하면 더 나은 소통을 할 수 있을지 고민해야 한다. 시대가 변했어도 여전히 대인 관계와 사회적 개인을 설명할 때 유교문화에 바탕을 둔다(심지어 우리나라는 애초 유교국가가 아니었음에도 말이다).

좋은 날을 맞은 사람이 식사 한 끼를 기꺼이 베푸는 것을 당연시하는 한국적 문화는 타자와 서로 의존하며 살아가는 존재라는 것의 증명이기도 하다. 물론 최근에는 (부정적 느낌이 아닌) 개인주의적 성향들이 자리를 잡고 있긴 하지만, 여전히 정을 근간으로 한 연대는 우리 곁에 살아 숨쉰다.

드라마 〈킹덤〉 속 안현대감의 '3년 상'은 부모의 죽음을 애도하는 최소한의 시간이라는 유교적 배경을 의미한다. 부모와 나는 엄격히 다른 개체이지만 생명을 부여하고 한 생生을 살 수 있도록 세상에 초대해준 것, 아무 조건 없이 베풀어준 부모의 사랑에 대한 보답이 바로 효孝의 문화다. 그래서 당시에는 자식으로서 당연히 해야 하는 장례문화이자 굳이 설명하지 않아도 공감되고 이해되는 절차였으리라.

실제로 한국 사람은 행복의 조건이나 수준을 이야기할 때도 미국인과 다르게 개인적인 것보다는 사회적 키워드를 더 많이 언급한다.[22] 흔히 '행복' 하면 떠오르는 첫 번째 단어로 '가족' 등을 언급하는 것이 그런 예다.[23] 그러다 보니 가족 구성원이나 그와 비슷한 친밀한 집단 구성원 간의 소통은 자연스럽게 '이성'보다는 '감성'을 추구하게 된다. 업무하는 모습 역시 각자의 몫을 하는가가 아니라 서로가 갖는 마음을 더 중요하게 인식한다. 학업 성적이 부진한 자녀에게는 성적이라는 이성적 성과가 아니라 노력하는 모습과 오르지 않은 성적에 대해 부담을 갖는 그 마음을 먼저 알아줘야 하는 것이 그렇다.

그러나 정을 근간으로 하는 감성적 기류의 경계가 모호하다는 것이 문제다. 성적이 부진한 자녀는 위로를 받아야 할 '객체'인 것과 동시에 자신에게 주어진 책임을 다 해야 하는 '주체'이기도 하다. 그런데 왜곡된 정의 문화는 어느새 주체는 사라지고 객체만 존재하게 만든다. 그래서 "저 아이도 얼마나 힘들겠어!"라며 이해를 강요하고 보호를 의무화하는 오류를 저지르고 만다.

한국인의 정,
그 무게에 대해

"그러고 보면 넌 참 정이 많아." 일상에서 정이 많은 사람을 인간적인 사람에 가깝다고 판단하거나 정이 있으면 좋은 사람으로 받아들이는 경우가 많다. 실제로 정이라는 단어는 '온정溫情'과 잘 어울리며 따뜻한 기운을 전해주기에 더더욱 그러하다. 그래서 정을 베푸는 것은 인간적이며 인간적인 본성은 감성과 닿아 있기에 감성은 정과 한줄기에서 만난다.

성리학의 심성정론心性情論을 다룬 최근의 연구에서도 인간의 감성은 마음의 본성을 나타내는 성性과 이를 표출하는 정情으로 나누어져 있다고 한다. 즉 감성과 정은 함께 다루어야 할 가족과도 같은 단어다.

그래서 한국인의 정을 바탕으로 하는 소통을 '감성적'이라고 표현하지 않는가? 감성의 '성性'은 '감感'이라는 단어를 명사화하는 접미사로 기능하기에 한국 감성의 핵심은 '감'에 있다.[24] 이는 어떤 성질을 잘 느끼고 인식하는가가 감성소통의 시작점이 된다는 뜻이지만, 거기에 머무르지 않고 적절한 정의 반응을 해야 한다는 것으로 귀결된다. 그래서 자녀의 재롱에도 살갑지 않은 반응을 하는 아버지에게 '정이 없다'라고 표현하는 것이 그 맥락이다. 한국적 감성이란 결국 잘 인식하고 수용하는가의 '감'과 그것을 적절히 표현하는 '정'의 조화에 답이 있다. 그런데 한국식 정은 느끼는 것의 정량만큼의 표현만을 의미하지 않는다. 왜곡된 정 문화가 한편에게 가혹한 감성의 무게를 지우는 일이 빈번하다.

"그래도 네가 형이니까 조금 참아야지"라는 동생과 형의 '상관관계'는 있을지언정 형이니까 더 참아야 한다는 '인과관계'는 없다. 감성이 이성과 다른 면이 있다고 해서 이런 막무가내식 논리가 감성은 아니다. 무조건적으로 '어른이니까' 또는 '우리는 가족이니까'라는 굴레는 오히려 더 큰 갈등을 만든다. 가족이라서 오히려 무심하게 소통해도 괜찮고, 어른이니까 늘 배포 있게 행동해야 한다는 암묵적 합의는 언젠가는 극복해야 할 과제다.

서로에게 득이 되는
윈윈 감성

우리는 이 책의 여러 부분에서 소통의 복잡성과 신중함에 대해 이야기를 나누었다. 본래 소통이 가지는 구조와 방법, 태도가 있고 거기에 우리만의 고유한 문화가 더해진다. 그래서 소통은 단순한 말하기와 듣는 작업과는 깊이가 다르다. 원활한 소통을 위해서는 우리 문화와 그 안에서 형성된 소통의 특성을 이해하는 것이 무엇보다 중요하다.

한국에서는 조직의 결속력과 유지를 위해 권위와 위계를 조성했고, 자연스럽게 나이와 사회적 직급에 의한 계층을 조성하게 되었다. 그러다 보니 개인의 목소리, 특히 하위 계층의 주장은 소극적으로 변해갈 수밖에 없다. 그리고 이것이 다시 한국사회라는 집단을 지키는 독특한 문화를 견고하게 했다. 그 과정 속에서 집단을 평화롭게 유지하기 위해서는 솔직함보다는 완곡함, 날것보다는 함축적인 표현을 사용했고, 상대방에 대한 배려가 따뜻한 정의 문화를 대변하게 되었다.

한국적 소통을 한마디로 정의하자면 감성적 소통이라고 할 수 있고, 또 한국적 소통의 변화를 말하라면 마찬가지로 감성적 소통이라고 할 수 있다. 기존의 모호한 감성이 아니라 모두에게 득이 되는 윈윈 감성이 되려면 무엇을 지키고 어떤 것을 보완하고 개선할 것인지 함께 고민해야 한다는 것이다.

감성소통에
앞서

소통이 가진 복잡성은 감성소통에도 적용된다. 감성이 중요하다고 해서 따뜻한 감성이 차가운 이성보다 마냥 우위에 있거나 그 아래에 있는 것이 아니다. 이는 공존과 조화의 존재이며 그런 이유에서 한국적 감성은 잘못된 정의 문화로 왜곡되어서는 안 된다. '어른이 말씀하시는데!'라거나 '어른답지 못하구나'라는 틀에 박힌 정의가 관습적 차원에서 이루어지지 않도록 조심하고 견제할 필요가 있다.

그래서 현재를 사는 우리가 추구해야 할 한국적 감성은 고착화된 위계와 통속적 관념을 떠나 상황에 따라 서로의 마음을 공감하고 이해하려는 노력이 덧붙여지는 것이다. 예를 들면 무뚝뚝한 아버지의 서툰 감정 표현도 개선해야 할 문제지만, 그렇게 자라온 아버지의 과거 환경을 이해하고 수용하려는 자녀의 노력도 필요하다. 그래야만 가족과 사회 전체에 따뜻한 정이 넘치는 감성소통이 자리잡을 수 있다.

어린 시절에는 본능에 충실한 감성을 무기로 관계를 맺어왔지만 어른이 되어가며 감성 대신 냉철한 이성을 무기로 전쟁을 치른다. 그렇기에 항상 감성의 결핍을 아쉬워하고 또 그리워하는 것이 요즘의 모습이다. 무조건적인 정과 감성을 강요하다 보면 올바른 기준을 세우기 어렵다. 집단주의에서 기대하는 동조와 맹목적인 지지는 오히려 개인의 변화와 조직의 성장을 방해하기도 한다. "그래, 좋아"라는 대화가 '귀찮아서' '책임지기 싫어서' '어차피 그만할 거라서' '싸우기 싫어서'처럼 잘못 쓰이면 '사이'의 간격만 벌리게 한다.

한국적 문화의 왜곡으로 어느 한편이 무조건적인 수용과 이해의 짐을 짊어지지 않도록, 서로에게 득이 되는 올바른 감성을 발휘하자. 상대방의 마음 깊이 숨겨진 뜻과 생각을 읽고 같은 감정으로 느끼는 소통은 어른으로 살아가지만 그 속에 여린 마음을 안고 사는, 성인이 바라는 진정한 소통의 방법이 될 테니 말이다.

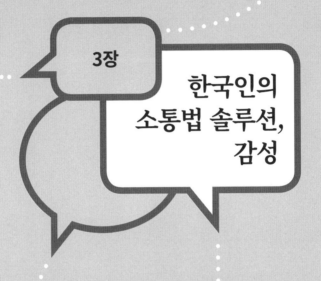

3장

한국인의 소통법 솔루션, 감성

지금까지 한국인의 인간관계를 지탱한 키워드 중 하나를 꼽으라면 '정'을 이야기하고 싶다. 그 따뜻한 기운이 상대방을 배려하고 자신을 낮추게 했고, 그러다 보니 드러내고 요구하기보다 소극적으로 완곡하게 표현하는 겸손을 자라게 했다. 윗사람을 높이고 자신을 낮추거나 조직을 위해 개인이 희생하며 손해 보기를 마다하지 않는 헌신을 가능하게 했다. 이제 이러한 막연한 '감성'을 다듬어 모두에게 이로운 감성적 소통으로 발전시켜야 할 때다.

01 ———— 과거의 막연한
한국적 '감성'과 이별하자 ————

감성을 상대방에 대한 '무조건적인 수용'으로
풀이하는 것은 정말 위험하다.

**당신의
취향**

우리는 겨울의 시작을 알리는 동지冬至가 되면 으레 팥죽을 쑤어 먹는다. 팥죽을 먹는 행위는 풍속이자 종교적으로도 의미가 깊다. 또한 팥죽에는 단백질, 지방, 당질, 회분, 섬유질과 비타민 B_1이 다량으로 들어 있어 건강식으로도 훌륭하다.

그런데 같은 한국 사람이라고 해도 이 팥죽을 먹는 방식이 조금씩 차이가 있다. 소금 간을 해서 먹는 사람과 설탕을 뿌려 먹는 사람으로 나뉜다. 지난겨울에 강의 출장을 갔다가 연수원 식당에서 있었던 일이다. 동지를 즈음해서 사이드 메뉴로 팥죽이 나왔는데 교육 담당자 과장이 대리에게 이렇게 말하는 것이 아닌가? "달달한 팥죽에 설탕을 또 뿌린다고?" 이에 대리가 대답했다. "당연하죠. 과장님은 그 달달한 팥죽에 뜬금없이 소금을 넣으십니까?"라고 말이다. 이후 대화는 '너는 참 독특하구나'로 시작해서 '사는 동네'로까지 이어졌다. 고작 팥죽 한 그릇 때문에 말이다. 만약 머나먼 타국에서 건너온 외국인이 이들의 대화를 지켜봤다면 이렇게 말했을지도 모른다. "그런데 겨울에 팥죽이란 걸 굳이 먹어야 하나요?"

팥죽을 어떻게 해서 먹든 맛만 있으면 될 문제다. 그런데 사소한 문화적 배경 하나로 오고가는 대화의 결이 달라진다면 이야기는 조금 다르다. 실제로 삶은 감자를 소금에 먹느냐 설탕에 먹느냐부터 치약의 어느 부위를 짜서 쓰느냐에 이르기까지 삶의 다양성에서 오는 간격이 대인관계에 영향을 끼치는 경우가 심심치 않게 생긴다. 그저 살아온 문화의 차이라는 '다양성'을 옳고 그름의 문제로 해석해서 왜곡하는 안타까운 일들이다.

변화하는 문화, 감성소통의 중요성

의사소통 능력은 의사소통을 지속하는 방법을 아는 능력인 '전략적 능력'과 의사소통의 성패를 좌우하는 '문화 능력의 통합'이다.[25] 쉽게 말해 의사소통이란 소통을 이루는 구성요소나 방법론의 이해와 더불어 고유한 '문화'를 더해 완성된다는 것이다. 최근 한국문화의 변화와 그 안에서 숨쉬는 개인의 다양한 문화를 이해하는 일은 매우 중요하다.

최근 우리나라는 세계화의 영향으로 이주 노동자, 북한 이탈주민 등 외국인이 해외에서 유입되고 있다. 특히 농촌 청년들의 국제결혼 영향으로 다문화 사회로의 전환이 가속화되고 있다. 2017년 전국 외국인 등록현황은 171만 명이다. 이 중 다문화 가정을 이루고 있는 수는 100만 명이 넘었고 2020년에는 150만 명에 이를 것이라고 예측한다. 이는 우리나라가 단일민족 문화에서 다문화 사회로 변화했다는 증거인 셈이다.[26]

국제결혼 가정을 예로 들자면 행복한 결혼생활을 유지하려면 서로 간의 문화에 대한 학습이 필요하다. 국제결혼 가족 중에서 고부간의 갈등과 관련된 연구를 살펴보자. 한국인 시어머니가 지각하는 자신의 의사소통과 태도보다 외국인 며느리가 지각하는 한국인 시어머니의 의사소통과 태도가 더 부정적인 것으로 나타났다. 이와 같은 지각 차이는 고부관계에 영향을 미칠 뿐 아니라 고부갈등의 원인이 되고 있다.[27] 결혼을 했으니 그저 잘 지내야 한다는 다짐만으로는 한계가 있다는 의미다.

이異문화의 결합뿐만 아니라 같은 한국인 가족의 문화도 변화하고 있다. 가족이란 개념이 과거 영원히 한 배에 거주해야 하는 공동체에서 상호 간에 강한 애정을 바탕으로 일정 기간 동거하는 사람들의 관계망으로 변화하고 있다. 가족 구성 역시 결혼과 출산이라는 기존 방식뿐만 아니라 입양 등의 방식으로 구성원이 새로워지고 있다. 게다가 편부모 가족이나 계부모 가족, 다인종 가족까지 가족 유형이 다양화되고 있다. 최근 MZ세대는 여가시간과 가족 간 소통의 결까지 바꾸었다. 더이상 저녁 시간에 온 가족이 TV 앞에 모여서 대화를 나누는 그림이 아니다. 그러한 문화는 가족의 울타리를 넘어 회사와 사회의 여러 조직에서 자리잡았고, 그 변화만큼이나 다른 형태의 관계, 다른 방식의 소통을 요구하고 있다.

우리에게 필요한 감성소통이란 변화를 제대로 간파하고 상황과 사람에 맞는 적합한 소통방식을 취하는 것이다. 과거의 막연한 한국적 감성과 이별을 고하고 동시에 새로운 감성적 소통을 형성하는 시작이 필요하다.

감성의
감성적 이해

"너는 참 감성적이야." 이 말은 동료의 일을 자신의 일처럼 대하는 사람에게는 선善하다는 칭찬의 메시지다. 하지만 직장에서 쓰이면 정에 이끌려서 이성을 놓치는 사람에게는 공과 사를 구분하지 못하는 무능력을 비판하는 말이 될 수도 있다. 이처럼 '감성'이란 단어의 정의는 모호하다. 시대의 변화와 사상가에 따라 다양한 의미로 사용된 말이 바로 감성이기도 하다.

감성의 모호함은 외국어를 우리말로 번역하는 과정에서 가장 크게 일어났다. 'emotion'을 감정이라고 해석하지만 정서의 연장선에서 감성으로 해석하기도 한다. 18세기 영국의 경험론자 흄 David Hume은 불어에서 차용한 'sentiment'를 'emotion'과 혼용하기도 했다. 그런데 이 'sentiment'를 일본어로 번역하는 과정에서 그대로 받아들여 '감성'이란 단어를 쓰고 있다. 'emotional quotient'를 감정지수라고 번역하기도 하고 정서지수나 감성지수로 혼용해 쓰기도 하는 이유다.

최근에는 'feeling'을 느낌뿐 아니라 감정으로 번역하는 책도 있으니 느낌과 감정, 감성 등의 혼용이 큰 혼란을 일으킨다.

공감·동감·감성의 혼용도 구분해야 할 과제다. 공감(共感, 남의 생각이나 의견에 대해 자기도 그러하다고 느낌)과 동감(同感, 같은 느낌, 남과 같은 느낌)은 상위와 하위어의 개념으로 정의하기 어렵기에 비슷한 뜻으로 써도 무방하다.[28] 하지만 공감과 감성은 차이를 두어야 한다.

공감은 상대방의 마음을 느끼고 반응하는 일방향 성격이지만 감성은 발신자가 다시 수신자가 되는 쌍방향의 성격이다. 읽어주는 것이 공감이라면 상호작용이 감성이다. 공감을 통해 감성이 발현되기에 감성은 공감의 상위어라고 할 수 있다. 정리하자면 '동감 = 공감' '공감 < 감성' 정도가 되겠다.

우리 사회에 감성은 마주한 사람이나 적용하는 상황, 개념에 따라서 달리 해석되는 특수성이 있다. 어쩌면 감성이란 단어 역시 우리가 감성을 발휘하며 그 해석의 간격을 좁혀가야 할 대상이 아닐까?

수동적 감성과 능동적 감성

지난 봄에 보았던 노란 개나리를 떠올려보자. 개나리를 보면서 이때 감탄사를 내뱉는다면 그런 사람은 감성적인가? 봄과 봄의 꽃이 주는 향긋함을 느끼는 그는 분명히 감성적 인간이다. 이때 외부 자극에 깊이 공감하고 그에 따른 반응을 하는 것을 감성의 전부라고 한다면, 감성은 매우 '수동적' 개념이다. 따라서 감성적이라기보다 '감수성sensibility'이 풍부하다고 해석하는 편이 더 어울린다.

감성의 사전적 풀이를 보면 '[명사] 1. 자극이나 자극의 변화를 느끼는 성질(표준국어대사전)'이며, 이는 감성이 감각을 매개로 해 받아들이는 능력이라는 정의[29]와 그 궤를 같이한다. 결국 감성은 인간이 가진 감정과 그 감정으로 인해 외부 자극에 반응하는 심

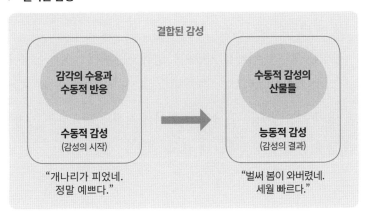

미적 영역을 포괄한다고 할 수 있다.

흔히 인간을 감정의 동물이라고 말한다. 이는 인간의 감정을 기반으로 감성이 꽃을 피우기 때문이다. 이러한 단편적인 정의들이 감성을 '현상'에 근거한 '합리적 반응'이 아니라 경험하지 않아도 충분히 알 수 있는 모호한 개념이자 수동적 존재로 만들었다. 분명히 할 것은 감성이란 그저 자극을 느끼고 그것에 따라 적절히 반응하는 수동태가 아니라는 점이다.

봄꽃이 주는 향기로움, 추운 겨울이 끝나간다는 안도감이 수동적 형태의 감성이라면, 그 봄의 시작에 따라 갖춰야 할 사고와 행동체계를 이해하고 반응하는 것이 능동적 형태의 감성이다. 상대방의 감정과 생각을 느끼는 데서 머무는 것이 감성이 아니기에, 감성소통 역시 느끼고 깨닫는 과정만을 이야기하지 않는다.

따라서 수동적인 감성을 통해 발현된 소통의 능동성이 조화를 이룰 때 비로소 감성소통이 된다.

감성은 하나의 신체를 기반으로 공존하는 수동성과 능동성이 앞과 뒤를 넘나들며 만들어내는 작업물이다. 또한 타인과의 관계를 이어주는 매개媒介인 소통에 있어서 감성의 필요성은 '수용'과 '반응'을 통해 상대방을 내 편으로 만드는 마법이다.

그래서
우리는

우리에게 주어진 현안은 감성과 감성소통의 올바른 적용이다. 감성과 감성소통의 다양한 해석과 정의 중 긍정적 의미를 정의할 필요가 있다. 인간이 추구해야 할 감성은 어떤 개념에 대비한 것이 되어서도 안 되고 긍정과 부정의 시각으로 해석하는 것도 위험하다. 더욱이 감성을 상대방에 대한 '무조건적인 수용'으로 풀이하는 것은 정말 위험하다.

올바른 감성은 외부 자극에 대한 감각적인 수용, 즉 수동적인 것과 그로 인해 발생된 인식의 결합으로 이해하는 편이 옳다. 이를 볼프강 벨쉬Wolfgang Welch는 칸트의 감각적 수용과 니체의 '은유'와 '가상'으로 대입해서 설명하기도 했다. 감성의 시작은 감각에 의한 수용과 수동적 반응이지만 결국 그것에 대한 행동과 결과는 능동적 감성의 산물이라는 것이다.

이에 앞서 본 내용을 근거로 감성과 감성소통의 정의를 공유하고자 한다. 그것도 독자의 이해를 돕기 위해 감성적으로 아주 심플하게 말이다.

감성   외부의 모든 환경에 대한 지각과 이해, 수용을 통해 이루어지는 능동적 반응

감성소통   감성으로 조화를 이루어가는 인간 사이의 상호작용

감성소통은 소통 그 자체가 목적이 아니다. 공감과 감성이 소통의 수단이라면 소통 역시 또 하나의 수단이다. 조직에 속해 더불어 살아가는 것이 인간의 숙명이자 숙제이기에 결국 그 안에 감성소통은 우호적 인간관계의 결속이자 발전의 수단이 된다. 공감과 동감을 통해 감성을 발현하고 결국 동화(同和, assimilation, 같이 어울림)되는 것이 인간이 추구해야 할 감성소통의 진정한 가치라고 할 수 있다.

―――― 한국인의 감성소통을 만드는
3가지 생각 ――――

이 3가지 생각은 길을 잃지 않기 위해
계속 품고 가야 할 지도다.

한국인의 감성은
선에서 출발한다

감성이 선善을 기반으로 한다면 감성소통 역시 선을 근거로 시
작한다. 상대방이 선한 마음을 가지고 말을 한다면 간혹 오해가
있더라도 나쁜 감정이 드는 대신 다시 한 번 묻고 확인하는 절차
를 거치는 여유가 생긴다(사실 이 주장은 그렇게 믿고 시작하면 많은
갈등을 해결할 수 있고 결과적으로 오해를 줄일 수 있다는 필자의 개인적
인 생각임을 밝힌다. 그리고 그 생각은 약간의 논증을 거쳤다는 것 또한
말하고자 한다).

공자는 『논어』 「위정편」에서 중국의 대표적 시가집 『시경』 삼

백편을 "생각에 사악함이 없다"라고 평가했다. 감성이 외부 자극에 대한 인식과 수용이라면 그 인식과 수용 자체에는 어떤 의도 자체가 포함되지 않는 순수함이 있다. 공자의 사상을 잇는 맹자 역시 인간의 본성을 선하다고 규정하고 그 선함의 중요성을 설파했다. 그래서 한국적 감성은 상대를 대할 때 서로가 선한 마음을 근거로 하고 있으며, 감성소통 역시 좋은 마음을 이유로 나눈다는 것을 합의해야 한다.

학창시절 친구 집에 자주 놀러갔다. 그럴 때면 친구네 어머니는 "다 먹으렴. 그 나이 때는 많이 먹는 게 남는 거란다"라며 고봉밥을 주셨다. 이 역시 자녀의 친구가 잘되길 바라는 마음에서 비롯된 행동이다. 이를 이성적 잣대로 해석해서 '어느 정도 먹을 건지 묻지도 않고 이렇게 많이 주면 어떡해'라고 받아들이면 어떻게 될까? 식사 자리는 불편할 수밖에 없다. 친구 어머니의 마음을 선으로 받아들인다면 "잘 먹겠습니다. 감사합니다!"라는 좋은 말이 자연스럽게 나오지 않을까? 이렇게 말하고 밥을 조금 남겨도 "제가 뭘 먹고 와서 이 맛있는 밥을 조금 남겼어요. 죄송합니다"라고 한다면 그 어떤 어른이 실망하겠는가? 물론 학창시절의 미성숙한 나는 그런 센스 있는 소통을 하지 못했던 것을 인정한다.

인간의 감성이
선하기만 할까?

맹자의 성선설을 떠올리면 자연스럽게 순자의 성악설性惡說이 떠오른다. 인간의 본성은 본디 악惡하다는 것이 순자의 주장이다. 2가지 대립되는 개념을 이해하려면 본성과 분리되는 '마음'을 이해할 필요가 있다. 언뜻 보면 인간의 본성이 착하고 악하다는 뜻으로 해석할 수 있지만 깊게 들여다보면 차이가 있다.

맹자의 성선설은 인간의 본성에서 발현되는 마음이 선하다는 것이고, 순자의 성악설은 본성에서 나온 마음이 사회적 혼란(중국의 전국시대)에 따라 나쁜 방향으로 흐른다는 의미를 담고 있다. 성악설의 '惡'은 마음心 위에 두 번째亞라는 글자의 조합이다. 본래 마음 위에 또 다른 마음이 얹어져서 원래의 마음이 변했을 때 나타나는 현상이 바로 악이다.

결국 두 개념 모두 사회적 교정을 통해 본래의 선한 것 혹은 더 좋은 마음으로 흐를 수 있다는 긍정의 뜻을 담고 있다는 것이다. 그래서 원점으로 돌아온다면 감성의 원천은 '선'에 있다. 그래야 관계가 더 따뜻해진다.

최근의 개인주의 문화가 반가우면서 조금은 아쉬운 것이 사실이다. 나도 어른이기에 사는 밥 한 끼에 기쁨을 느끼기도 하고 또 가끔은 선배로서 그저 존중받고 싶은 '꼰대정신'을 표출하기도 한다. 그래서 한국적 연대문화를 과거로 보내려는 최근의 문화가 시원하면서 섭섭한 마음이 들기도 한다. 밥을 더 사는 것과 어른으로 예우를 받으려는 태도 역시 다 좋은 마음에서 시작되었다니 더더욱 그러하다.

감성소통을 만드는
3가지 생각

우리는 한국의 문화적 배경을 토대로 소통의 뿌리를 이해하고 감성적 소통의 중요성에 대해 살펴보았다. 이제 감성을 이해하고 더불어 감성소통을 올바르게 이끌고 나갈 수 있도록 공유해야 할 생각들에 대해 이야기하려 한다. 한국적 소통문화는 관계와 정을 중시하고 선이라는 의도에서 출발한다. 이를 중심으로 정리한 감성소통을 만드는 3가지 생각은 다음과 같다.

첫 번째 생각은 '소통이 아니라 관계'다. 연인 관계인 A와 B가 전화 통화를 하고 있다.

A 밤이 늦었는데 우리 내일 다시 통화할까? 내일 아침 일찍 일어나야 하기도 하고….

B 그래, 그럼. 이 얘기만 하고 끊자. 오늘 재미있는 사건이 하나 있었거든. 들어봐~."

A 아…. 그래… 무슨 일이 있었는데?

B 별로 대화하고 싶지 않은가 보네. 난 네가 좋아할 줄 알고 이야기
하고 싶었는데….

A 아니야. 내가 조금 피곤해서 그랬나봐. 미안.

B는 A와 잘 지내고 싶은 마음에 함께 웃을 수 있는 소재를 준
비했다. 그런데 A는 피곤했는지 반응이 시큰둥했고 B는 서운했
다. A는 B에게 사과하면서도 편치 않은 감정을 느꼈다. 무엇이
문제였을까? 이 문제를 이해하기 위해서는 우리가 상대와 소통
하는 이유가 무엇인지를 돌아볼 필요가 있다. 위 사례처럼 재미
있는 대화 소재를 가지고 친구끼리 나누는 소통의 목적은 무엇
이었을까? 재미있는 이야기를 나누는 것일까, 아니면 더 나은 관
계를 유지하고 싶은 것일까?

비즈니스 상황에서의 협상이나 설득, 프레젠테이션과 같은 소
통에도 그 나름의 목적이 존재한다. 감성소통의 목적은 무엇을
얻어내거나 주도권을 쥐려는 것보다는 보다 나은 관계를 유지하
거나 더 발전시키는 데 있다. 때로는 소통하지 않는 것이 더 좋은
소통과 관계를 만든다. A에게는 잠이 중요했지만 B는 현재 소통
에 더 관심을 두었다. 소통은 잘되었을지 몰라도 관계에 도움이
되었는지는 미지수다. 소통은 그 자체로 하나의 목적이 될 수 없
다. 우호적 관계를 위한 소통이 필요하다.

두 번째 생각은 '방법이 아니라 태도'다. 직장상사 박 팀장이

변경된 업무내용과 관련해서 김 대리와 아래와 같은 대화를 나누고 있다.

박 팀장 김 대리! 협력사에서 어렵다고 전화가 왔으면 바로 말해주지, 왜 이렇게 늦어진 거야?

김 대리 지난번에 업무보고는 절차를 갖춰서 메일로 보내라고 하셔서 그랬어요.

박 팀장 아니, 이 건은 예외로 뒀어야지. 이게 얼마나 급하고 중요한지 몰라서 그래?

김 대리 지난번과 지금 상황에 차이가 뭔지 이해가….

박 팀장 어허, 김 대리. 자네 끝까지!

직장 내에서 상사와의 소통은 일반적인 상황보다 우호적 관계가 더 중요하다. 자신이 억울하다고 해서 상사와 논리게임을 벌이는 부하 직원 있다면 이렇게 말해주고 싶다. '설령 시시비비를 가려서 오해를 풀었다고 해도 이후 벌어질 불편한 관계를 예측한다면 이는 크게 손해 보는 장사다'라고 말이다.

업무보고에 관한 가이드를 명확히 제시하지 않은 박 팀장에게 일차적인 잘못이 있다고 할 수 있다. 그렇다고 해도 김 대리의 대처 역시 아쉽다.

마지막 박 팀장의 "자네 끝까지!"라는 말의 의미는 '끝까지 잘못이 없다는 건가?'라는 질책이었을 것이다. 김 대리가 잘못이 없다는 것은 결국 박 팀장이 잘못이라는 의도가 된다. 그러니 여기서는 '죄송합니다' 정도의 표현을 했어야 한다.

신뢰의 관계에 있는 동료가 별다른 설명 없이 업무요청을 하면 논리가 부족해도 돕고 싶은 마음이 생긴다. 반대로 신뢰가 없고 관계도 불편하면 논리적으로 이해시키고 설명해도 수용하기 어렵다. 이게 바로 소통이 방법의 문제가 아니라 사람과 일에 대한 태도의 문제라는 의미다. 감성소통의 성패는 상대방에 대한 태도에서부터 시작한다. 그 태도가 곧 우호적 관계의 지름길이 된다.

마지막으로 세 번째 생각은 '결과보다는 과정'이다. B에게 재미있는 이야기를 들려주고 싶었던 A라는 친구. 박 팀장에게 즉각적으로 보고하지 않고 논리로 설명하려던 김 대리. 하지만 시간이 흘러 이해의 폭이 생겨 비슷한 상황에서 대처방법이 달라졌다면 어떨까? 처음 한두 번은 서로에게 오해와 상처가 되는 소통을 했지만, 결국 이전보다 더 나은 관계로 발전하거나 최소한 이전과 같은 우를 범하지는 않을 것이다.

감성소통은 일회용품이 되어서는 안 된다. 쇼펜하우어의 고슴도치 이론처럼 가시에 찔려 멀어진 고슴도치들이 다시 가시에 찔리는 일이 있더라도 다가가는 노력을 해야만 더이상 아프지 않고 따뜻한 적정거리를 찾아낼 수 있다.

한평생을 조직을 구성해서 관계를 맺고 살아가야 하는 사회에서는 필연적으로 거쳐야 할 과정이 바로 소통이다. 감성소통에서 '감성'의 적용은 그 '과정'에서 끊임없이 반복되어야 한다. 소통의 주체인 사람의 속성이 워낙 다양한데다 그 사람이 통제할 수 없는 환경적인 부분까지 고려한다면 더더욱 그렇다. 처음에는 어렵고 힘들지만 성패에 연연하기보다 과정에 집중하고 노력하면 더 나은 결과를 얻을 수 있다.

　길을 떠난 나그네가 자신이 걸어온 길과 앞으로 가야 할 길을 수시로 둘러보고 확인하지 않으면 길을 잃고 말 것이다. 그냥 가는 길에서 그 다음 길을 모색해보는 임기응변은 소통을 위한 소통, 소통에 매몰된 말싸움으로 번질 가능성이 있다. 이 3가지 생각은 앞으로 우리가 감성소통을 위한 대화법이라는 방법론을 다루면서도 길을 잃지 않기 위해 계속 품고 가야 할 지도map다.

──── 한국인의 감성소통을 위한
3단계 방법론 ────────

소통의 '결과'보다 '과정'에 중점을 두고 풀어가야
좋은 '결과'를 얻을 수 있다.

**해답은 의외로
가까운 곳에 있다**

타인에 대한 공감이 탁월하다 해도 전제가 명확하지 않으면 올
바른 감성소통이 아니다. 무조건적인 감성 발휘도 문제지만 잘
못된 상황에 대한 공감이 더 큰 잘못이다. 이를 해결하는 답은 의
외로 가까운 곳에 있다. 맨 처음 영화 관람 약속을 했던 친구들의
대화로 돌아가보자.

친구1   오늘 7시보다 조금 일찍 만날까?

친구2   그렇게 하자! 영화 시작 전에 끼니도 때우고 좋겠네.

이번에 친구2는 서둘러 준비해 영화관에 30분 전에 도착했다. 그런데 이번에도 친구1은 화를 냈다.

친구1 야! 넌 일찍 만나자고 먼저 말해놓고 이제 오니?

친구2 왜 그러는 거야? 30분이나 일찍 왔는데?

친구1 식사를 해야 하는데 30분 전에 오면 너무 시간이 부족하잖아!

당신에게 일찍은 과연 몇 분을 의미하는가? 대인관계에서 갈등의 원인이 되는 것이 바로 정의의 문제다. 그리고 정의의 문제 해결이 바로 감성 대화의 첫걸음이다.

위의 친구끼리의 약속 상황처럼 단순한 숫자의 합의가 오해를 만들고 소통을 방해한다. "그 사람은 참 감성이 풍부한 것 같아요." "그래요? 저는 가끔 생각이 깊어 보이던데." 이런 대화 역시 감성의 정의가 올바로 합의되지 않아서 발생하는 간격이다. 감성적인 사람은 생각의 깊이가 얼마나 되어야 한다는 것인가? 혹시 이성적 생각보다는 그저 웃어주고 울어주는 감정 표현이 익숙한 것을 감성적이라고 오해하고 있는 것은 아닐까?

소통의 해답은 가까운 곳에 있다. 친구들의 약속 상황처럼 명확한 전제만 있어도 쉽게 소통하고 관계를 유지할 수 있다. 상대방에게 조금 더 집중하고 깊이 공감하는 과정에서 상대방의 생각과 감정, 그리고 숨겨진 의도가 조금씩 떠오른다.

감성소통에
한 걸음 다가가기

누군가를 설득하는 소통은 '목적 지향적'인 행위에 가깝다. 물건을 팔기 위해서, 내 마음을 전하기 위해서, 좋은 판결을 유도하기 위해서라는 목적을 이루기 위해서 과정을 수단화한다. 앞에서도 언급했듯이 감성소통은 경쟁적인 소통과는 방향이 다르다. 소통의 '결과'보다 '과정'에 중점을 두고 풀어나가야 좋은 '결과'를 얻을 수 있다. 상대의 현재 감정, 그런 생각을 하게 된 배경과 그로 인한 인식이 어떠한가라는 전체 과정에 집중하고 메시지를 통찰해야만 좋은 결과가 도출되기에 감성소통은 '과정'에 방점이 찍힌다.

그런 과정을 거치다 보면 처음에는 투박하던 소통이 서로의 언어와 비언어를 조합하고 통합하는 '조화'의 과정을 거치며 개선된다. 그래서 줄곧 감성소통의 방법론이 지향하는 바를 소통의 결과보다는 관계에 두었다. 다시 한 번 말하자면 감성소통이 지향하는 좋은 소통이란, 조직 사회에서의 우호적 관계를 최종 목적으로 두고 감성과 소통을 수단으로 해 관계를 조화롭게 만드는 소통과정이다.

우리는 감성과 감성소통의 개념을 정의하고 달성해야 하는 목적과 한국적인 감성소통의 차이를 이해했다. 사람의 마음을 제대로 읽고 적절하게 반응한다는 것은 매우 어려운 일이기에 명확한 방법을 제시하는 것 또한 대단히 어려운 일이다. 이에 소통의 주체인 '상대'를 중심으로 한 감성소통의 방법론을 이해하기 쉽도록 F.B.I라는 공식으로 정의했다.

몸은 말하고 있다

우리는 여러 사례를 통해 소통상황(대화나 언어적 메시지를 포함)에서 들리고 보이는 그대로를 받아들여서는 안 된다고 배웠다. 소통은 '말해진 것what is said'과 '함축된 것what is implicated'으로 나뉜다. 감성소통이란 발신된 메시지에 함축되어 있는 속뜻을 해석하고 판단하는 작업이기에 '말해진 것(표현된 것)'을 '함축된 것(속뜻)'과 구분해서 다루어야 한다.

몇 가지 동작만으로 사람의 심리를 꿰뚫어보는 것은 어렵다. 때문에 쉽게 속단하는 것은 지양해야 할 태도임을 먼저 밝힌다. 이는 최대한 상대방이 전하려는 속뜻에 집중해서 올바른 상호작용을 해나가기 위한 노력이다.

오래간만에 소개팅을 하게 된 직장인 B씨. 자신이 꿈꾸던 이상형에 근접한 외모를 가진 여성을 만나서 한껏 기대에 부풀었다. '그래, 한동안 싱글의 삶을 누리며 자유를 즐겼지만 이 여성과 연인이 된다

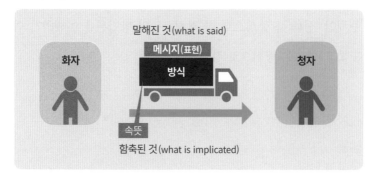

면 이제 더이상의 자유는 없어도 되겠어'라고 생각한 B씨. 하지만 조용한 카페에서 커피를 마시던 중 그는 자신의 바람이 이루어지기는 힘들다는 것을 직감했다. 다리를 꼬고 앉은 그녀의 몸과 발끝이 출입문 쪽으로 쏠려 있었고 미소를 짓고 있지만 목을 자꾸 쓰다듬고 있는 그녀의 행동 때문이었다. 아직 이른 시간이고 커피가 많이 남았지만 B씨는 슬쩍 말을 건네본다. "혹시 자리가 불편하면 일어날까요?"

인간의 자아와 성향은 다양하고 그것이 발현되는 환경 역시 변수가 많다. 때문에 단정적으로 판단하는 것은 좋은 방식이 아니다. 하지만 보편적으로 사람의 행동은 '무의식'에서 시작한다는 점에 주목할 필요가 있다. 무의식적인 행동은 그 행동의 주체자도 인지하지 못하는 것이기에 오히려 진실에 가깝다는 의미다.

이런 이유로 B씨는 문 쪽으로 몸을 튼 여성을 보고 보통 자신이 좋아하는 쪽으로 몸을 트는 심리적 행동과 다르다고 판단했다.

이 사례는 나의 창작이지만 B씨의 해석이 마냥 허구는 아니다. B씨가 하필 FBI(미국 연방수사국)에서 25년간 심리수사를 했던 조 내버로의 책 『FBI 행동의 심리학』을 읽고 그렇게 해석했을 뿐이다.[30]

마음을 꿰뚫어보는 3가지 방법

조 내버로는 행동심리와 관련된 다양한 사례를 이야기한다. 그는 의외로 얼굴보다는 발과 다리에서 진실이 드러나기에 발이 어느 방향을 향해 있는지가 중요하다고 언급한다. 특히 여성이 목보조개라 불리는 천돌(울대뼈와 쇄골 중앙에 오목하게 들어간 부분)을 쓰다듬는 것은 불안한 심리를 의미한다고 했다.

이제 B씨가 여성의 행동으로 하여금 유추한 근거가 조금은 이해가 될까? (물론 그렇더라도 이상형을 만났다면 쉽게 포기하지 않기를 바란다.) 우리가 FBI 취업을 준비하는 상황도 아니고 누군가를 심문해야 할 위치도 아니다. 때문에 FBI의 행동심리를 다 이해하고 이를 일상에 적용할 필요는 더더욱 없다. 다만 중요한 것은 감성 소통에서 대화의 맥락은 정적인 개념이 아니라 동적인 개념으로

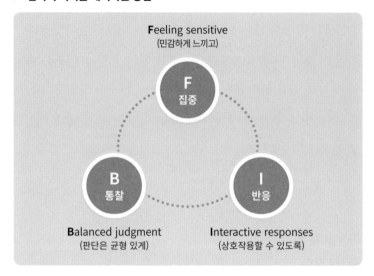

꾸준히 전개되고 이어지는 환경이라는 점이다.

"난 밥 안 먹을래"라는 말이 정말 배가 고프지 않은 것인지 아니면 기분이 상해서 내뱉은 말인지는 전후 사정을 둘러봐야 알수 있다. 밥을 먹지 않겠다고 일어섰는데 주린 배를 잡고 힐끗 음식을 둘러보았다면 배가 고픈 사람이라는 의미이니, 비언어적 표현까지 고려해야 올바른 소통이 가능하다. 그런 사람에게는 "그래? 배가 안 고프면 이따 먹어"라는 언어적 표현에 대한 단순한 해석이 아니라 "잠깐만 여기 앉아볼래?"라는 대화가 연속성을 만들 것이다.

살아 숨쉬는 생물生物과 같은 소통을 잘하기 위해서는 그 변화를 예민하게 주시하고 바라봐야 한다. 그래야 제대로 집중하고 올바르게 통찰할 수 있다. 또한 상대방의 상황적 특성과 성향, 전체 상황을 고려해 균형 있게 해석해야 한다. 그래야만 나의 선입견을 최대한 배제하고 대화의 주체인 상대에게 집중할 수 있다.

마지막으로 좋은 관계라는 최종 목적을 달성하기 위해 지속적으로 좋은 소통을 만들어가는 지지적인 감성대화를 해야 한다. 이를 이 책에서는 의사소통 과정 중 '메시지'와 '방식'에 담긴 함축의 의미를 해석하는 방법, 즉 'F.B.I'로 정리했다.

소통은 태생부터 복잡하기 때문에 모든 상황에서 '정답'을 얻는 방법론이 존재할 수는 없다. 최대한의 노력으로 좋은 방향으로 이끌어갈 수 있는 '해답' 정도는 기대할 수 있다. 상대방에게 '보다 민감하게 느끼고 집중'하다 보면 그가 공감해주기를 바라는 감정과 생각, 의도가 보인다. 그리고 그것이 의미하는 것을 제대로 통찰하고 해석할 수 있는 '균형 있는 판단'이 가능해진다. 그후에 소통의 선순환을 위해 '상호작용할 수 있는 반응'이 이어진다면 '사이의 미학'이라는 감성소통은 크게 어렵지 않다.

04 ―――――――――1단계:
보다 민감하게 집중하라 ―――――

소통상황에 집중하는 것과 함축된 의미와 소통의 구조를
판단하고 통찰하는 것은 동시에 진행되어야 한다.

**대화와 소통은
다르다**

대화와 소통은 다르고 소통과 감성소통 역시 차이가 있다. 대화
가 언어를 수단으로 하는 말하기라면, 소통은 상대의 뜻과 생각
을 공유하는 것이고 감성소통은 그 감정과 의도 등의 전반을 함
께 이해하는 노력이다. 그래서 감성소통이란 드러난 대화의 맥락
과 그 속에 숨어 있는 의미들을 함께 살펴봐야 한다.

　다음에 나오는 부부 간 대화가 좋은 소통으로 이어지려면 어
떻게 흘러가야 할지 함께 고민해보자.

아내　여보, 나 미용실 다녀왔는데 머리가 좀 그렇지?

남편　….

난감한 상황이다. 아내가 건넨 질문의 의도가 무엇인지, 그 의
도에 어울리는 대답을 해야 하기에 쉽지 않은 질문이다. 그럼 이
러한 대화는 어떠한가?

남편　여보, 나 회사가 적성에 안 맞는데 그냥 치킨집이나 해볼까?

아내　음….

이 역시 남편이 이야기를 꺼낸 의도를 어떻게 파악하는지에
따라 대화의 방향이 달라진다. 마찬가지로 어려운 대화다.

감성소통은 위 사례처럼 대화 자체가 가지고 있는 원래 의미
는 물론이고 화자의 감정과 태도, 소통이 이루어지고 있는 모든
상황들을 함께 고려해야만 가능한 작업이다. 만약 미용실에 다
녀온 아내가 기분이 상했을까 싶어서 "세상에서 제일 예뻐. 괜
찮아!"라는 위로를 건넨다면 아내는 마냥 좋아할까? 반대로 창
업 실패율이 높은 요즘 시기에 창업하려는 남편에게 "여보, 당
신 마음은 알겠는데 아이 걱정도 해야지"라고 말한다면 적절한
대화일까?

상대방은 무슨 이야기를 하고 싶은 것일까? 좋은 소통을 하는

방법은 과연 무엇일까? 소통에 정답은 존재하지 않지만 정답에 다가갈 수 있는 단초는 충분히 찾을 수 있다.

다시
상황 속으로

"음…. 그래, 지난번 머리가 더 나은 것 같네." 아내가 씩씩거리며 묻는데 남편이 객관적인 생각을 표현했다. 대답을 들은 아내는 어떤 반응을 보일까? 안 그래도 아내는 기분이 언짢은데 노려보지는 않았을까? 아니면 "지금 그걸 말이라고 해? 언제는 뭘 해도 예쁘다며!"라고 소리를 쳤을까? 천만에 말씀! "그렇지! 괜히 바꿨나봐. 당신 눈에도 그렇다면 다음에는 그 미용실 안 가야겠어." 아내의 대답이 혹시 의외라고 생각했다면 아직 우리의 감성은 선입견에 머물러 있을 가능성이 크다.

아내가 던진 질문의 의도가 새로 방문한 미용실에 대한 '평가'였다는 것을 남편은 알고 있었다. 왜냐하면 아내가 미용실을 가기 며칠 전부터 새로 생긴 미용실을 갈지 아니면 원래 다니던 미용실을 갈지 고민했었기 때문이다. 이제 남편의 건조하고 딱딱한 대답 덕분에 부부는 서로에게 집중해 소통을 이어갈 수 있다.

소통의 주체는
내가 아니라 상대다

의사소통은 언어를 주요 매개로 하기에 화자의 언어, 즉 말하기는 감성소통의 중요한 부분이다. 그런데 의사소통이 화자의 언어 '발신'으로 이루어지는 것이라는 '화자중심' 관점이 보지 못한 것이 있다. 그것은 바로 화자의 발신 메시지에 대한 반응은 청자인 상대방이 하고, 상호작용의 연속으로 쌍방 소통은 완성된다는 점이다.

내가 하고 싶은 말을 내 생각으로 재단하고 표현하는 것은 소통의 주체에 대한 해석의 오류다. 오류가 발생하는 이유는 일반적인 소통상황에서 감성이 화자의 발신 메시지를 해석하고 이해하는 데 초점이 맞추어진 까닭이기도 하다.

언어의 함축적 의미와 같은 화자의 발신에 대한 청자 이해 방식을 다루는 것을 화용론이라고 한다. 쉽게 말해 화자 중심의 연구가 화용론이다. 화용론에서 청자는 단지 화자의 발신에 따른 의미 해석자라고 보는 수동적 관점을 포함하기에 '소통의 과정'을 중시하는 감성소통에 대입하는 것은 무리가 있다.

함축의 의미와 화용론을 감성소통에서 어떻게 녹여낼 수 있는지는 이후에 살펴보기로 하고 부부 사례로 되돌아가보자. 만약 남편이 '감성적 접근'이라는 개념을 좋은 말이나 위로 따위로 오해해 "아냐, 아냐! 누가 뭐래도 당신은 예쁘지. 잘 어울려"라고 대답했다면 어떠했을까? 듣기에는 좋은 말이나 아내가 의도한 상황과는 거리가 있는 소통이 되어버린다.

> 아내   뭐야, 누가 봐도 이상한데! 당신은 왜 성의 없이 말해?
> 남편   아니, 나는 당신 마음이 상했을까봐…. 왜 좋은 말을 해줘도 뭐라고 하는 거야?
> 아내   그게 무슨 좋은 말이라고.

다음 상황은 그려보지 않아도 상상이 된다. 다시 한 번 말하지만 감성소통의 주체는 소통에 참여한 모두다. 화자의 '발신'은 소통의 시작이다. 그 시작이 청자의 '상황'을 인식하고 느낀 것을 토대로 구성되고, 발신 메시지의 해석과 향후 방향을 정하는 것 역시 청자이기에 소통의 주체는 화자이면서 동시에 청자다.

좋은 의도만으로는 안 된다?

앞선 사례처럼 남편의 좋은 의도가 나쁜 결과를 만들 수도 있다. 그것도 좋은 의도를 가진 남편에게 분명히 있다. '좋은 의도'라는 말 앞에 '내 생각에'라는 말을 슬며시 빼먹은 남편의 선입견과 잘못된 주체성의 문제다.

다시 말하지만 감성소통은 상대방이 좋아할 것 같은 대화가 아니라 상대방이 바라는 대화의 함축된 맥락에서 출발한다. 좋은 대화는 주고 싶은 선물을 주는 것이 아니라 받고 싶은 선물을 건네는 것이며, 좋은 소통은 모두가 만족하는 일종의 '기브 앤드 테이크'다.

'감성소통'과 '듣기 좋은 말'을 동일 선상에 두고 생각했다면 이는 큰 오해다. 감성이란 외부 자극 전체에 열려 있는 감각의 작용이다. 자극이 사람에서 왔든지 상황에서 왔든지, 감성이라는 것은 그 자극과 상황의 변화에 대해 느끼는 것을 의미하기에 다분히 수용적이어야 한다. 이런 경우의 '수용적'은 오히려 감성의 '적극성'을 의미한다고 볼 수 있다. 상대의 말과 행동이 어떤 의도를 나타내는지 끊임없이 교감해야 하기에 조금 더 기민하게 느끼고 반응해야 한다. 그러다 보면 상대의 질문이 있는 그대로의 질문인지 아니면 질문의 형태를 가진 다른 무엇인지 서서히 드러나게 된다.

부부의 대화를 여기서 마무리지으면 남편이 조금 억울할 수도 있겠다는 생각이 든다. 이제 남편 입장에서 이야기를 보자. 남편은 분명 억울한 감정을 갖게 될 것이 뻔하다. 아내의 나쁜 감정을 풀어주려 한 좋은 의도가 오해받았기 때문이다.

한국적인 감성소통은 선을 기반으로 한다. 대화에서 발생하는 오해와 갈등을 줄이려면 상대방 말의 근원이 선임을 인정해야 한다. 그리고 이를 토대로 서로가 바라는 대화를 이어가야 한다. 따라서 남편의 말이 선한 의도에서 출발했음을 인정하고 맥락을 이해하는 것은 분명히 아내의 몫이다.

그렇게 대화가 나누어지게(communicare, 소통의 어원) 되면 서로의 마음을 드러내어 간격을 좁히고 좋은 대화로 이어질 수 있다. 이어짐의 시작이 바로 민감하게 '집중'하는 것이며, 그 원동력이 상대의 의도가 '선'이라는 것을 인정하는 일이다.

집중하면
상대의 욕구가 보인다

인기를 끌던 예능 프로그램이 있다. 실제 목소리를 숨긴 일반인 출연자를 상대로 노래를 잘하는 실력자인지 아니면 립싱크만 하는 음치인지를 추리하는 음악예능이다. 실제 목소리는 물론 개인정보를 일체 알려주지 않고 노래하는 표정, 연기, 노래하는 모습으로만 추리해가는 구성이 꽤 흥미롭다. 게스트나 판정단은 베일에 싸인 일반인 참가자들이 주는 최소한의 단서만으로 진위 여부를 가려낸다. 누군가는 입과 하관의 크기로 성량을 추측하고, 눈썹의 움직임을 통해 감정 이입 여부를 판단한다. 추측이 다 맞아떨어지지는 않는다. 다만 제약된 정보로 최대한 집중하고 시사점을 도출해내는 그들의 추리력은 참가자들의 숨겨진 노래 실력보다 더 재미를 느끼게 한다.

언어적 의사소통이 불가능한 아기와 소통하는 과정은 부모에게는 고된 일과 중 하나다. 무엇을 원하고 바라는지 알 수가 없기에 끊임없이 관찰하고 계속 집중해야 하기 때문이다. 그러다가 어느 순간 아기의 울음소리와 손짓이 무엇을 의미하는지 알면서 한결 편한 소통 프로세스를 갖는다. 이는 성인과의 대화에서도 이 과정이 유효하다. 근본적으로 상대가 느끼고 바라는 뜻과 생각에 집중하고, 그 의미를 통찰해가는 과정을 거쳐야 하기 때문이다.

소통은 그 복잡성만큼 동시성이라는 능력을 요구한다. 만약 아이가 울음을 터뜨렸다면 그 현상에 집중하되 '혹시 배가 고픈가?' 하며 시계를 확인하거나 주변에 아이를 불편하게 하는 요소는 없었는지에 대한 관찰이 동시에 요구된다. 소통상황에 집중하는 것과 함축된 의미와 소통의 구조를 판단하고 통찰하는 것은 동시에 진행되어야 한다.

2단계:
균형 잡힌 판단력으로 통찰하라 ──

소통이 품고 있는 내용, 상황, 감정까지 통찰하면
적절한 소통을 이어갈 수 있다.

제대로 말하지
않아도 안다?

중국 음식점에 간 친구들이 메뉴를 고르고 주문하는 상황이다.

친구1   난 짜장으로 할래. 넌?

친구2   웬일이야. 짬뽕을 안 하고? 그럼 나도 그냥 그거 할게.

친구1   그래, 그러자. 여기요, 여기 짜장 둘이요!

잠시 후 두 명의 친구는 아무 문제없이 짜장면을 맛있게 먹었을 것이다. 문법적으로 따지고 보면 이 대화는 무엇인가 어색한 부분이 있다. 구성으로만 보면 한 명은 원래 짬뽕이라는 역할을 했어야 하는데 오늘은 짜장을 하게 되었고, 나머지 한 명은 그에 동조해 본인도 짜장을 하기로 했다.

식당에서는 문법에 맞게 말하지 않아도 문제되지 않는다. "난 짜장면을 선택할래" "난 그것을 먹을 거야"와 달리 사례처럼 서술어가 생략되어도 문제없이 소통이 가능하다. 주문할 때도 '주세요' 등의 구체적 요구 없이 "여기 짜장 둘이요"로 자신들이 마치 짜장면인 듯 이야기를 했지만 짜장면을 먹을 수는 있다.

이번에는 엄마와 자녀의 대화 상황을 한번 보자.

엄마   너 지금 뭐해?

자녀   TV 봐요.

엄마   그걸 말이라고 해? 시험이 내일 모레인데. 당장 끄고 방으로 들어가!"

자녀는 입을 삐죽 내밀고는 방으로 들어간다. 뭘 하고 있냐고 묻는 엄마에게 자신이 뭘 하고 있었는지 대답했는데 돌아오는 반응이 꾸중이라니. '도대체 내가 뭘 잘못했다고 소리를 지른담? 차라리 처음부터 TV 그만 보고 공부하라고 했으면 혼나지는 않았을 텐데' 하는 억울한 마음도 들었다.

두 사례는 소통상황에서 상대방의 마음을 제대로 읽는다는 것은 논리를 앞세운 문법의 문제도 아니고, 드러난 요구를 있는 그대로 해석하는 것도 아님을 보여준다. 두 사례 모두 문법상 잘못된 소통을 하고 있음에도 소통에 장애도 없었다. 어쩌면 제대로 말하지 않는 것이 마치 한국적 소통 유형인 양 보여준다.

감성소통의 통찰이 쉽지 않은 이유는 소통의 맥락이 멈춰 있지 않고 상황에 따라 움직이는 동적인 개념이어서 그렇다. 단편적으로 정해진 개념이 아니라 적용되는 상황에 따라 다양한 표현 방식을 통찰한다는 것은 쉽지 않다. 그래서 '함축적 의미'를 해석하기 위해 앞에서 다루었던 '올바른 해석을 위한 3가지 구성요소'를 통해 이해하고자 한다.

균형 있는 판단을 돕는
구성요소 3가지

"느그 아버지 뭐하시노!" 영화 〈친구〉 속 유명한 대사다. 이는 불량학생 준석의 뺨을 쥔 선생님이 체벌하기 전에 던지는 질문이다. 문법적으로만 해석하면 '지금 너희 아버지는 무엇을 하고 계시나!'로 이해할 수 있지만 전후 '상황'을 보면 '아버지의 직업'을 묻는 질문이다. 다만 불려나온 학생들이 공부를 못하는 무리이고 선생님의 감정이 격해져 있다는 것은 단순히 아버지 직업이 궁금해서만은 아닐 것이다.

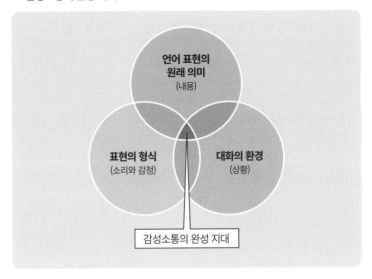

준석은 아버지의 직업이 '건달'이라고 대답하는데 반항으로 여긴 선생은 더 큰 폭력을 휘두른다. 바로 선생님(화자)과 청자(학생-준석)의 관계, 내용(직업에 대한 질문), 상황(성적 부진아에 대한 꾸중)이라는 요소를 이해하지 못해 비롯된 상황이다.

소통상황에서 함축된 의미를 파악하기 위해서는 내용과 상황에 대한 통찰이 중요하다. 우리가 사용하는 언어는 '어떤 의미인가?' 하는 '내용'과 그 내용이 다루어지고 있는 '환경과 상황', 그리고 소통의 주체자인 화자와 청자가 소통을 주고받는 '형식(소리와 감정)'이다. 이러한 큰 줄기를 본다면 보다 정확한 공감이 가능해진다.

〈친구〉속 대사 "느그 아버지 뭐하시노!"를 소통의 3가지 구성요소에 맞게 해체해서 감성소통의 완성 지대로 옮기면 다음과 같다.

언어의 의미적(내용) 측면	지금 너희 아버지는 무엇을 하고 계시니?
대화의 환경적(상황) 측면	너희 아버지 직업은 무엇이니?
표현의 형식적(소리와 감정) 측면	부모님이 그렇게 고생하시는데, 공부 열심히 안 하니?

우리가 나누는 소통과정에 오류가 왜 이렇게 빈번한지, 그렇기에 사람과 상황에 민감하게 집중하고 통찰할 필요성을 한 번 더 짚어보았다. 소통 자체에 집중하지만 그 소통이 품고 있는 내용과 적용되는 상황, 그리고 그 안에 감정까지 통찰하면 적절한 소통을 이어갈 수 있지 않을까?

감성소통은 'foldable' 형식이다

감성소통의 구성요소 3가지로 '쫌!'이라는 사투리를 해석해보자. '쫌'이라는 부산 지방 사투리는 형식과 상황에 따라 여러 의미로 쓰인다. 단호하게 표현하면 '그만!', 물건을 살 때 부드럽게 표현하면 '더 주시면 안 되나요?', 그 외에도 '귀찮아!' '그만 얘기해!' 등 다양한 상황에서 쓰인다.

앞에서 다루었던 소통의 3가지 구성요소로 투영하면 쉽게 이해할 수 있다. 감성소통은 보여지는 소통상황에서도 드러나지 않은 무엇인가를 찾는 과정이다. 이를 위해서는 감성소통의 함축적 의미를 먼저 이해해야 한다. 함축이란 소통맥락에 포함되어 있지 않지만 그 맥락을 통해 전달하려는 의미를 말한다.

함축적 대화는 문법에 맞는 대화보다 현실적이다. "엄마! 집에 올 때 우유." 이 말은 '엄마가 곧 우유'라는 의미도 아니고 우유를 어떻게 하라는 부탁도 없지만 통용되는 함축의 사례다. '엄마! 우유' 혹은 '집에 올 때 우유!'라고 표현해도 함축적 의미는 변하지 않는다. 논리로 보여지는 것이 아니라 감춰진 것을 꺼내어 펼쳐 봐야 하는 것이 함축이다. 감성소통을 이해하기 위해서는 구성요소 3가지에 더해 함축의 의미까지 연계해서 적용해야 한다.

3단계:
소통이 이어지도록 반응하라 ——

소통은 한 번 열리는 스포츠 경기가 아니다.
수시로 소통의 주체를 살펴야 한다.

소통의
선순환

앞서 화자의 발신에 대한 청자의 이해 방식을 다루는 화용론에 대해 잠깐 이야기했다. 화용론은 청자가 화자의 발신을 해석하는 수동적 관점을 포함하고 있지만, 우리가 풀어가는 감성소통 청자는 청자인 동시에 화자가 되고 화자는 이내 청자가 되기에 차이가 있다. 그래서 감성이 능동적으로 발현되고 원활한 소통이 이어지면 화자와 청자의 '사이'가 적절히 유지될 수 있다.

청자는 최초 화자의 소통맥락을 토대로 다시 화자가 되어 상호작용의 주체가 된다. 대화의 방향을 어느 곳으로 끌고 갈 것인

가를 결정하는 사람은 청자다. 예를 들어보자. 직장 동료 김 대리
와 이 대리는 퇴근을 앞두고 있다.

김 대리　오늘 비도 오는데 그냥 들어가긴 아쉬운 날이네.

이 대리　그러게, 정말 운치 있는 날이네. 그런데 어쩌겠나. 내일도
　　　　여전히 많은 일이 기다리고 있는 직장인의 운명을 말이야.

이 대화에서 김 대리는 퇴근 후 막걸리 한잔 정도의 술자리를
염두하고 발신했다. 이 대리는 김 대리의 메시지를 통찰해 함축
된 의미를 해석했지만 술자리는 반대했다. 그래서 대화의 방향을
'퇴근하는 것'으로 잡고 발신했다. 이 과정에서 두 사람의 감정이
상하거나 부끄럽지 않다. 상대의 감정에 집중하고 공감해주기 때
문이다. 술 한잔은 함께 못했지만 술 한잔이 그리운 마음은 함께
한 것이다.

중요한 것은
그 마음이다

일반적인 소통의 상호작용은 문제를 해결하기 위한 목적으로 쓰
이지만, 감성소통은 서로의 의도와 감정에 공감하는 방식으로 진
행되어 결과가 나빠도 기분이 상하지는 않게 한다.

비 내리는 날 막걸리 한잔은 직장인의 피로를 달래주는 묘약이 될 수 있다. 상상만으로도 기분이 좋아지기도 한다. 그렇다면 술자리가 이루어지지 않을지라도 또 그럴 상황이 안 되더라도 마음에 대한 소통이 이어진다면 어떨까?

지난겨울 아침, 양평으로 강의를 하러 가는 길이었다. 식사할 곳이 마땅치 않은 국도에 때마침 국밥집 한 곳을 발견하고 가게로 들어섰다. 허름한 외관과는 달리 깔끔하게 정돈된 식당에는 밤샘 장사를 마치고 교대를 준비하는 직원이 있었다. 나는 국밥을 먹다가 김치가 모자라 더 줄 수 있는지 물었다. 결과부터 말하자면 밤샘 장사로 김치는 동이 나서 단무지를 먹을 수밖에 없었다. 그런데 나는 원하는 반찬을 얻지 못해도 오히려 기분 좋게 식사를 마칠 수 있었다. 직원의 태도가 여느 식당과는 달랐기 때문이다. 김치가 더 있냐는 나의 질문에 누구보다 미안해하는 얼굴로 자초지종을 설명했다.

"어젯밤 장사가 너무 잘되어서요. 준비해 놓은 반찬이 다 떨어졌네요. 이걸 어쩌죠." 이 정도만 해도 충분했는데, 직원은 김치를 먹고 싶어하는 나의 마음에 공감해주었다. "저희가 충분히 준비를 했어야 했는데 예상치 못하게 이렇게 되었네요. 죄송해요." 겨우(?) 국밥 한 그릇 먹는 사람인데 사과가 길어지면 민망하겠다 싶었다. 그 찰나 직원은 적절한 대안을 제시하고 물러났다. "혹시 손님, 저희가 단무지라도 드리면 안 될까요? 제가 손님 얼굴 꼭 기억했다가 다음에 오시면 더 풍성히 대접하겠습니다."

내가 그 인적 드문 국도에 있는 식당을 언제 다시 방문할지는 모르겠지만(사실 다시 갈 일이 없다고 보는 게 맞겠다), 최소한 양평에 참 기분 좋게 식사할 수 있는 곳이 있다는 기억은 남길 수 있어서 좋았다. 원하는 것을 얻지 못했지만 원하는 마음을 제대로 공감해주는 사람을 만나니 더 큰 것을 얻은 것처럼 말이다.

누가 기억에 남는
사람인가?

상대에게 반응한다는 것은 '반응해준다'라는 배려의 차원이 아니라 소통을 이어가고 갈등을 해소하며 좋은 관계를 유지하겠다는 의미를 갖는다. 무엇보다 상대방이 느끼고 있는 감정을 공감하고 공유하는 것이 중요하다. 이를 감성소통에서는 '감정의 미러링 mirroring'으로 설명할 수 있다. 의사소통은 뜻과 생각의 공유인데 감성소통에서 감정에 중점을 두는 이유는 사람이 이성보다는 감성에, 생각보다는 감정에 근거한 기억을 구사하기 때문이다.

내가 강의를 하면서 가끔 던지는 질문이 있다. 이 책을 읽고 있는 당신도 해보자. 과거에 당신에게 선한 영향력을 끼쳤던 스승이나 선배, 멘토를 한 명 떠올려보자. 누군가에게 소개할 때 '참 좋은 분이었지'라는 말이 선뜻 나올 만한 의미 깊은 사람이면 더 좋겠다. 너무 멀리서 찾을 것도 없다. 지금 다니는 회사나 학교에서 찾아봐도 좋다. 한 명이 떠올랐다면 그가 왜 나에게 의미 있는 사람인지 이유도 생각해보자. 이유가 '아주 구체적이고 논리적이고 합당한 근거'가 있는가, 아니면 단순히 '아주 좋은 느낌의 기억'인가?

나는 초등학교 4학년 담임선생님이 오랫동안 기억에 남는다. 어린 시절 그만그만한 성적에 내성적이었던 터라 선생님과 교감이 많지 않았고 대화도 많이 나누지 못했다. 그런데 내게 끼친 영향력은 매우 컸다. 선생님은 매일 모든 반 학생들에게 일기를 쓰게 했고 50명이 넘는 학생의 일기를 모두 읽어본 뒤 개별적으로 코멘트를 달아주었다. 그 중 좋은 일기는 따로 취합해서 학년말에 책으로 엮어 선물로 주기도 했다. 수업시간이 지루해질 때면 좋은 작가의 소설이나 수필을 낭독해주셨는데, 어린 학생이 읽지 못하는 소설은 자체 각색해서 그 의미를 풀어주기도 했다. 내가 〈우리들의 일그러진 영웅〉이라는 소설을 아직까지 잊지 못하는 것도 그 때문이다.

개인적으로 무엇을 베풀어주시지 않았음에도 나에게 그분은 참 좋은 스승이라는 감정을 갖게 한다. 이는 사람의 무의식에 잠재되어 있던 정서가 비슷한 자극에 의해 활성화되어 다시 기억되는 과정으로 설명할 수 있다. 이를 외부자극 편도체가 반응해 생기는 정서기억이라고 한다.[31]

내가 강의 시간에 하는 질문에 대한 대답은 대부분 감성적이다. 내가 힘들 때 따뜻한 말을 건넸던 선배나 어려운 일을 처리할 때 대신 나서서 힘을 실어준 팀장, 꾸중은 많이 했지만 이직을 앞두고 진심 어린 격려와 조언을 해주던 상사. 이성적인 가치 환산이 아니라 '그래도 좋은 사람'이라는 모호한 가치였다. 내가 느끼는 감정을 함께 느끼고 도닥여주는 사람이 오래도록 기억에 남는 법이다.

순환을 만드는 방법

심리학자 하인즈 코헛Heinz Kohut은 "부하의 작은 성취라는 행위에 대해 그의 감정으로 미러링을 해주면 그 사람의 셀프(자아)가 성장한다"고 했다. 또 사람은 무의식 중에 자신과 닮은 사람을 이상형으로 꼽는다는 실험 결과도 있다. 결국 미러링은 타인과 나를 동일선상에 놓고 감정을 공유하는 과정이다. 감성소통에서 선순환을 긍정적인 방향으로 이끄는 것 또한 상대와 나를 같은 위치에 놓고 감정을 공유할 때 일어난다.

소통의 순환을 만드는 첫 번째 단계는 상대방의 감정을 함께 인식하고 표현하는 것이다. 이를 감정의 미러링이라고 한다. "그래, 너는 내 말을 조금 차갑게 느꼈구나"라며 나의 의도와 생각보다는 상대가 느낀 감정에 먼저 반응하고 소통을 이어나가면 갈등을 조금 줄일 수 있다. 감정의 인식은 나도 모르게 상대방의 제스처나 표정 등 비언어적인 부분을 모방하는 결과를 가져오기도 하는데, 이를 카멜레온 효과chameleon effect 라고 한다.[32] 상대방과의 조화를 위해 소통의 상황이나 환경에 따라 동작을 바꾸어가는 것을 의미한다.

행동의 일치가 중요한 이유는 무엇일까? 바로 상호작용하는 상대와의 대화 만족감과 호감도에 영향을 미쳐서 그렇다. 그야말로 긍정의 선순환이 일어나는 셈이다. 상대방의 감정에 대해 충분한 미러링이 된 후에는 그 상황에 대한 나의 생각과 감정을 전달하는 것이다.

소통의 순환을 만드는 두 번째 단계는 소통 상황에서 든 생각과 느낌을 표현하는 것이다. 즉 '상황experience - 생각thinking - 느낌emotion'이다. "아까 우리 대화(상황)에서 농담을 주고받는다는 생각(생각)이 들어서 그랬는데, 네가 기분 나빠하는 것 같아서 조금 놀라기도 했어(감정)." 이어지는 상황에서 다시 화자가 되면 현재드는 생각과 감정을 표현하고 상대방에게 바라는 점을 말할 수도 있다. 즉 '생각thinking - 느낌emotion - 요청request'이다. "너도 충분히 이해해주는 것 같아서(생각) 다행이다(감정). 내가 사과할테니 우리 그만 화해하자(요청)."

상호작용은
언제까지 유효한가?

가끔씩은 '타인과 내가 다르다고 해도 이건 너무하다'고 느낄 만한 비상식을 마주하다 보면 '이건 다른 게 아니라 확실히 틀린 거야!'라고 분노하게 된다. 만약 약속에 늦은 친구가 사과도 없이 힘들게 왔다고만 이야기한다면 당신은 어떻게 소통을 이어갈 것인가? 이런 경우는 상대방의 과실이 명확하기에 그에게 공감하기보다 교정해주는 이성적 소통이 필요하다. 중요한 것은 상대방의 감정이다.

현재 자신의 처지에 몰입에서 부정적 감정이 충만한 친구는 명확한 실수에 대한 피드백을 받을 여지가 없다. 이때는 "차가 많이 막혔어? 힘들었겠다"라고 감정에 먼저 공감하는 것이 중요하다. 친구의 감정이 다소 평안해지면 그때 "그런데 나는 아까부터 기다렸거든. 기다리느라 솔직히 지치기도 했고…"라는 이성적 소통을 시도하는 게 좋다. 분명히 짚어야 하는 것은 감성소통은 무작정 따뜻해야 하거나 지지적인 소통이 아니라는 점이다. 개선할 부분에 대해 서로 노력할 때 관계의 진전도 따라온다.

아주 가끔은 자신의 과실에도 무조건적인 공감과 이해를 바라는 사람들이 있다. 나도 예전에 함께 일하던 강사와 소통과정에서 그런 경험을 했다. 월요일 정기 회의에 참석하지 않은 강사에게 연락을 했더니 "제가 오늘은 조금 바빠서 못 가겠습니다"라고 했다. 물론 바쁘면 회의에 불참할 수 있다. 하지만 사전에 연락이 없었다는 것과 해명하는 과정에서 형식적인 사과조차 없던 것이 내심 불편하고 불쾌하기도 했다. 다행히 나중에 자신의 실수를 인정하고 사과해줘 순조롭게 해결되었다. 만약에 상대방이 계속 그런 주장을 하는 경우에는 어떻게 하면 좋을까? 그냥 만나지 않으면 된다.

소통의 주체인 '상대방'을 수시로 살펴라

베테랑 FBI의 요원이라면 어설프게 수사에 착수하고 마무리하지 않는다. 사건 전체를 훑어보고 전후 과정을 연계해서 분석하며, 어떤 전략을 앞에 두고 뒤에 둘 것인지 고민에 고민을 더한다. 감성소통의 F.B.I 방법론도 소통의 맥락과 함축의 의미를 파악하고 상대의 마음을 꿰뚫는 집중과 통찰의 단계를 진행해가며 수시로 점검할 것이 있다. 바로 소통의 주체인 '상대방'과의 관계다.

소통에 집중하다 보면 자신도 모르게 소통과정 자체에 매몰되어 가장 중요한 상대방과의 관계를 놓칠 수 있다. 소통은 한 번 열리는 스포츠 경기가 아니다. 대화에서는 이기고 관계에서는 크게 손해 보는 우를 범하지 않으려면 소통의 주체를 수시로 살펴야 한다.

지금까지 한국적 소통이라는 감성소통이 추구해야 할 목적과 방법에 대해서 중요한 개념과 여러 가지 사례, 몇 가지 방법론을 설명하는 데 할애했다. 감성소통에 대한 다양한 정의와 합의가 중심을 잘 잡으면 이후에 나눌 여러 가지 방법들이 더 쉽게 이해되고 적용도 수월해질 것이다. 더불어 필자와 책, 독자의 간격도 상당히 좁혀져서 우리끼리의 대화에 감성이 훨씬 크게 자리하게 될 것도 확신한다.

이제 감성소통에 대한 방법론적 접근을 마무리하고 더 나은 소통을 위해 갖춰야 할 요소에 대해 짚어보려 한다. 좋은 공연을 준비한 가수를 바라보며 함께 흥얼거리는 노력을 해주는 청중이 곧 좋은 공연을 만들고 결국 수혜자가 된다. 아무리 좋은 공연이라도 뒷짐을 지고 방관하면 그 피해는 고스란히 관객의 몫으로 돌아간다.

나는 책 읽기도 마찬가지라고 생각한다. 작가는 독자와의 거리를 좁히려고 노력하며 최대한 독자의 언어를 써서 글을 완성해가야 한다. 독자는 작가가 주는 메시지를 이해하고자 노력해야 한다. 그럴 때 비로소 쓴 사람과 읽은 사람 모두가 행복한, 진정한 감성소통이 완성된다. 손바닥도 서로 마주쳐야 손뼉이 완성되는 법! 지금 여러분과 함께 크고 신나는 손뼉을 쳐가며 이 책을 이어가고 싶은 것이 지금 나의 솔직한 심정이다. 책을 매개로 한 일종의 소통의 선순환이랄까?

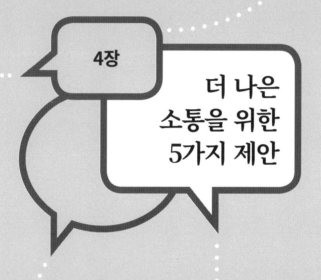

4장

더 나은
소통을 위한
5가지 제안

자연스러운 행동은 일상에서 다져진 습관에서 나온다. 우리가 꺼내어 쓰는 말과 그로 인해 만들어지는 소통과정도 평소의 모습에서 출발한다. 4장에서는 한국인의 감성적 소통을 위해 무엇을 일상에 녹이면 좋을까 하는 '조금'에 대해 이야기하려 한다. 조금 더 즐겁게, 조금 더 유연하게, 조금 더 공감하며, 조금 더 겸손하게. 그렇게 나의 '조금'이 소통의 '소금' 역할을 하고 나아가서 우리 관계를 빛나게 하는 '황금'이 되어줄 것을 믿는다.

01 ———— 더 즐겁고 유머러스하게
소통하라 ————

기분 좋은 미소로 신뢰를 만들고
한마디 대화에 웃음을 담아 보내면 충분하다.

**관계를 살리는
유머**

재미있게 말하는 사람이 인기가 좋다. 그리고 유쾌한 사람과의
대화는 그 자체로도 기분이 좋아진다. 가끔은 유머가 있는 사람
과 마주하면 입꼬리가 살짝 올라가는 긍정적인 느낌을 받는다.
그래서 유머를 배우려는 사람들이 학원을 다니거나 개인 코칭을
받는 등 유머 열풍이 불기도 했다.

실제로 유머감각이 있는 사람은 설득이나 세일즈 상황에서 큰
도움을 받는다.[33] 마케팅이나 광고에서 유머가 자주 쓰이는 이유
가 바로 유머소구가 주는 설득의 힘 때문이다. 한 연구에서는 유

머는 설득을 통해 상대방의 변화를 만들지는 못해도 긍정적 정서를 만들거나 주목을 끄는 데 효과가 있다고 한다.[34]

유머를 적재적소에 잘 쓰면 큰 빛을 발하지만 자칫 실수하면 주워 담지 못하는 상처가 된다. 특히 웃기는 것을 목적으로 하는 '타인폄하 유머other-disparaging humor'는 정말 위험하다. 한국 코미디 프로그램에 등장하는 외모 비하형 유머들은 대부분 부족한 캐릭터를 희화해서 웃음을 유발하려는 쪽에 속한다. 순간적으로는 큰 웃음을 유발하지만 막상 웃고 나면 쓴맛을 남기는 유머다. 주위에 모든 사람이 웃었더라도 폄하당한 사람이 웃지 못했다면 그것은 나쁜 유머다.

유머의 진정한 의미는 웃기게 말하는 능력이 아니다. 유머가 지닌 가치는 그 이상의 포괄성을 지닌다. 이 책에서 말하는 유머는 표현 방식이 아니라 재미있게 말하는 사람과 즐겁게 웃어줄 수 있는 감성 능력에 중점을 두고자 한다. 이는 F.B.I 방법론에서 다루었던 감정의 미러링과도 궤를 같이한다.

사실 정말 재미있게 말하는 사람, 유머를 잘 구사하는 사람은 자신보다 더 웃기려고 하는 사람이 아니라 자신의 이야기에 크게 웃어주는 사람을 좋아한다. 그래서 상대방을 웃겨서 무언가 얻으려고 하거나 주목받으려는 욕구가 없다. 그저 함께 즐기려고 하고 즐거운 이야기에 박수를 크게 쳐주는, 그리고 더 크게 웃어주는 여유를 가진 사람이 되면 더 즐거운 소통을 이끌어낼 수 있다.

얼굴이
더 많은 말을 한다

스위스 로잔대학의 경영학자 존 안토나키스와 올라프 달가스는 자국민 2,841명을 대상으로 2002년 프랑스 총선에 나온 후보자 사진을 보여주고, 당선 가능성과 관련한 질문을 했다. 특이한 점은 평가자 중에는 5살에서 13살 사이의 어린이 681명이 포함되어 있었는데, 적중률은 나이와 무관하게 대략 70% 정도로 균일했다. 정치와 정치인에 대한 이해도가 없는 어린이라도 어른과 비슷한 판단을 할 수 있었다는 이야기다. 〈사이언스〉에 실린 이 연구를 통해 외모 평가가 보편적인 성격을 갖는다는 점을 알게 되었다.[35]

소통을 이야기하다가 정치와 얼굴 이야기를 꺼낸 이유는 무엇일까? 소통의 측면에서 반드시 다루어야 하는 것이 바로 얼굴이기 때문이다. 흔히 '말한다'는 것은 언어의 교환으로 이해되지만 '소통한다'는 것은 언어와 비언어의 통합, 거기에 음성과 비음성의 조화까지 고려한 종합적 예술이다.

학자마다 연구 결과에 차이는 있지만 보편적으로 소통에서 비언어적인 메시지의 활용 범위가 언어의 활용보다 높다. 언어에 비해 비언어적 메시지는 문화와 인종을 초월해 보편적이고 자연적이며 사전 학습이 없어도 소통이 가능하기 때문이다.

정치 관련 연구처럼 비언어적 소통에서 중요시하는 부분이 바로 얼굴이다. 강의 현장에서 '사람을 처음 만났을 때 어느 부위를 가장 먼저 보는가'라고 질문하면 대부분 얼굴 혹은 눈을 우선순위로 꼽는다. 얼굴을 통해 느끼는 비언어적인 메시지가 상대방이 느끼는 소통의 우선순위 메시지가 될 수 있다는 이야기가 된다. 우리는 보이는 현상으로 본질을 해석하는 경향이 있다는 의미다.

어떠한 사람인지, 어떠한 감정인지라는 본질보다는 '그렇게 보이고 느껴지는 것'으로 본질을 파악하려 한다. 이를 잘 활용하면 권위효과authority effect로 득을 볼 수도 있지만 본인의 실제 감정, 생각과 다르게 전달되어 부정적 결과로 이어질 수도 있다. '화나 보이는' 이미지를 주어 소통을 단절시키거나 오해를 부를 수 있다.

한국은 권력간격지수(PDI)가 높은 문화의 나라다. 권력의 간격이 수직적 소통구조를 만들고 불통의 상황 등 여러 가지 문제점으로 나타나기도 한다. 잘 인식하지 못하지만 한국인들은 자신도 모르는 사이에 권력형 표정을 짓는 경향이 있다. '째려봐서' '기분 나쁘게 쳐다봐서' '화를 내서' 등의 이유로 사건사고가 생기는 것을 보면, 아무래도 한국 사람들이 표정을 잘 활용하지 못하고 있다는 생각이 든다.

신뢰를 만드는
사람의 비밀

한국인의 얼굴 표정에 대해 위계와 권위의 문화로 설명하기도 하고, 얼굴 구조의 태생적 문제로 보기도 한다. 얼굴 자체에서 문제를 찾자면 입 주위에 있는 볼굴대modiolus가 범인이다. '굴대'라는 것은 수레바퀴 한가운데 구멍에 끼우는 나무나 쇠막대기다. 입꼬리 가 쪽에서 얼굴의 여러 근육들이 얽혀 덩어리진 곳을 볼굴대라고 한다.

한국인은 볼굴대가 입꼬리 사이 선보다 아래쪽에 위치하는 경우가 가장 많다.[36] 일본인의 볼굴대도 유사한 위치이지만, 유럽계 미국인은 위쪽 유형으로 우리와 차이를 보인다. 그러다 보니 볼굴대가 아래 위치한 한국인은 웃지 않는 표정, 긴장한 얼굴을 보이게 된다. 중요한 것은 이런 볼굴대의 위치로 인한 얼굴 표정이 신뢰감에 영향을 준다는 것이다.

신뢰는 설득에 막대한 영향을 미친다. 더불어 소통의 순환, 연계성에도 중요한 역할을 한다. 술을 줄이고 건강 좀 챙기라는 친구의 말은 잔소리로 느끼지만 의사의 따끔한 충고는 가슴 깊이 받아들이는 것은 바로 신뢰의 힘 때문이다.

그럼 우리는 어떻게 얼굴만 보고 상대방에게 신뢰를 느낄까? 일찍이 신경학적 연구에서는 얼굴 자극에서 신뢰성과 관련된 정보를 반사적으로 감지하고 처리하는 전문화된 뇌기제가 존재한다는 것을 밝혔다. 타인에 대한 신뢰성 여부를 얼굴을 단서로 판단할 때 관여되는 대표적 뇌 영역은 편도체amygdala다. 편도체는 얼굴에 나타난 정서적 정보를 읽는 데 중요한 기능을 하고 신뢰성 판단에도 중요한 역할을 한다.[37] 이와 관련한 흥미로운 연구가 2008년 프린스턴대학교에서 진행한 얼굴 신뢰도 평가다.

유머가 있는 사람에게는 4가지가 있다

연구를 위해서는 신뢰의 유무를 판단할 얼굴 모델이 필요했다. 이에 머리카락이 없는 백인 남성의 얼굴 모델을 96개 도출하고, 여기에 눈썹과 입 모양 등의 차이를 두어 96개를 세분화해 총 192개의 얼굴 모델을 개발했다. 이를 참가자에게 각각 제시하고 신뢰도에 따른 편도체의 반응을 보았다.

다르게 제시되는 얼굴 모델에 따른 뇌의 반응을 살피고, 그 신뢰성을 느끼는 얼굴을 대할 때 편도선 반응이 증가하는 것을 감지했다. 이를 토대로 신뢰를 얻는 얼굴의 특징을 정리했다. 신뢰가 있는 얼굴의 특징과 그렇지 않은 얼굴의 특징을 총 4가지로 구분할 수 있다. 첫째, 눈썹 안쪽이 높게 형성되어 있다. 둘째, 광대뼈가 뚜렷하다. 셋째, 턱이 넓다. 넷째, 코가 시작되는 부분이 깊게 패이지 않았다. 즉 '미소 띤 얼굴', 입이 웃게 되니 턱이 넓게 형성되고 입 모양이 U자 형태를 띠어 광대가 더 도드라진다. 긴장하지 않고 인상 쓰지 않는 여유로운 모습이 곧 신뢰를 만든다.

한국인은 볼굴대의 영향을 받은 입 모양부터 문제가 생기니 신뢰를 얻으려면 조금 더 노력을 해야 할 것 같다. 방법은 아주 간단하다. 먼저 내 얼굴이 어떤 표정을 짓고 있는지 주의 깊게 신경을 써야 한다. 의식해야만 변화할 수 있고, 반복해야 무의식 속에서도 변화를 유지할 수 있다. '지금 내 표정은 어떻지?'라는 생각이 들 때마다 양 손가락으로 입꼬리를 위로 치켜올린다. 생각이 들 때마다 이 동작을 하면 어느새 입 주변 근육이 형성되어 자연스럽게 유지된다. 근육의 형성은 강도와 빈도의 영향을 골고루 받으니 지금 당장 책을 놓고 손가락을 준비해보자.

기분 좋은 사람이 만드는
행복한 소통

한국사회에서 최근 널리 알려진 단어가 있다. 바로 '소확행'이다. '소소하지만 확실한 행복'을 추구하는 사회 흐름은 '소고기는 확실한 행복'이라며 아낌없이 지갑을 열게 했고, 나이가 젊어도 누릴 수 있고 도전할 수 있는 것은 '지금, 당장'하도록 만들었다.

항간에는 경제가 불황인데 소비에 집중하는 행태를 비판하기도 한다. 아무리 앞길을 알 수 없다고 해서 현재를 소모하다가는 창창한 앞길이 열렸을 때 낭패를 볼 수도 있겠다는 우려의 목소리라 생각한다. 소확행의 목적을 온전히 이해하고 실천하면 이러한 걱정은 기우에 불과하다. 20대인 신입사원이 월급을 모두 털어서 수입차를 타는 것이 소확행은 아니다(실제로 소소한 행위도 아니다). 그저 힘든 일상에 '이거 하나면 기분이 썩 좋아지지!'라는 말 그대로 소소한 취미 따위를 소확행으로 써야 한다.

진화론적 관점에서 인간은 생존을 위한 다양한 삶의 진행과정 중에 '기분 좋음'이나 '유쾌한 감정'을 느끼면서 성장해왔다. 그래서 삶의 행복은 인간이 추구해야 할 어떤 목적이 아니라 그저 진화의 산물이라고도 한다.

서은국 교수의 『행복의 기원』에서 보면 그리스 철학자 아리스토텔레스의 목적론적 세계관에서는 행복은 인간이 존재하며 추구해야 할 '아레떼arete'지만 진화론적 관점에서 행복은 저녁식사 한 끼에 느끼는 감정에 불과하다. 그는 '행복은 강도intensity가 아니라 빈도frequency의 문제'라고 한다.

큰 것 한 방이 아니라 작은 것 여럿이 사람을 더 행복하게 한다. 우리가 좋은 관계를 유지하기 위해 즐거운 소통을 하는 것 또한 이와 마찬가지다. 우리는 자신의 감정을 공감해주는 사람에게 따뜻한 정서를 경험하고 자신을 기분 좋게 해주는 사람에게 정을 느낀다. 사람들에게 웃음을 주는 것은 상대를 행복하게 하는 것이고, 행복은 소통의 수단에 따라 상호작용해서 나를 행복하게 한다. 거창한 말솜씨나 웃기는 능력이 아니라 기분 좋은 미소로 신뢰를 만들고 한마디 대화에 웃음을 담아 보내면 충분하다.

인간은 이성의 동물이지만 기억은 정서의 자극으로 남겨진다고 했다. 인기 있는 사람이 되는 법은 잘 모르지만 좋은 느낌의 사람으로 따뜻하게 기억될 수 있는 방법은 확실히 말할 수 있다. 그저 가볍게 씨익~.

02 ──── 감정이 요동칠 때 감정을 다스려라 ────

감정을 다스리면 소통의 맥락이 보이고
그에 맞는 말을 사용하게 된다.

**쉬운 소통을
어렵게 만드는 이유**

드라마를 보다가 흥미로운 장면이 나왔다. 공부를 싫어하는 아들이 엄마와 실랑이를 벌인다. 아들은 그만 엄마가 평소 아끼던 고가의 접시들을 깨뜨리고 말았다. 그동안 금이야 옥이야 접시들을 보관해왔던 엄마는 화가 나서 독설을 내뱉고 만다. "너 같은 게 왜 태어나가지고 속을 썩여!" 이 말을 듣고 아들은 가출을 결심한다. 공부도 못해서 주눅들어 있었는데, 한낱 접시보다도 못한 존재라고 느꼈으니 그 마음이 이해된다. 다만 어찌 아들이 고가의 접시보다 하찮겠는가. 화가 머리끝까지 난 엄마에게 아들이

꼴 보기 싫은 건 당연지사. 그만 막말을 내뱉고 말았다. 이후 엄마는 아들이 가출한 것을 알고 울며불며 찾아 나서고, 우여곡절 끝에 만난 아들에게 사과하고 용서를 빈다. 하루도 못가서 속마음을 들켜버릴 텐데 엄마는 왜 그런 날카로운 말을 하고 만 것일까?

만약 우리가 비슷한 상황에 놓인다면 합리적이고 이성적인 소통을 할 수 있을까? 사람마다 감정의 진폭과 과거의 습관 등 다양성을 지니고 살기에 예측하기는 어려울 것이다. 그래도 단순하게 인간이 감정을 작동시키고 소모하는 과정을 본다면 TV 속 접시를 아끼는 엄마나 우리나 크게 다를 바가 없을 것이다. 우리는 모두 인간이기 때문이다.

인간은
감정의 동물

만물의 영장이자 고차원의 사고를 할 수 있는 고등생물인 '인간'의 뇌는 3단계로 구분할 수 있다. '파충류의 뇌 - 포유류의 뇌 - 인간의 뇌'다. 1단계 파충류의 뇌는 생명활동과 관련한 뇌(균형감각, 호흡, 심장박동 등)이고, 2단계 포유류의 뇌는 감정, 3단계 인간의 뇌는 대뇌피질(인지기능)로 설명할 수 있다. 이는 인간의 뇌가 새롭게 대체된 것이 아니라 기존의 뇌를 덮어 추가적으로 형성된 것이라는 의미가 된다. 이것이 미국의 폴 매클린 박사가 1967년 발표한 삼위일체뇌triune brain 다.

우리가 논리적으로 사고하고 상대방과 상황의 변화를 감지해 적절한 소통을 할 수 있는 것은 철저히 인간의 뇌 덕분이다. 지금도 우리는 뇌 덕분에 읽고 이해하는 과정을 무의식 중에 해낸다. 하지만 한순간 접시를 모두 잃은 엄마나 갑자기 끼어든 앞차를 보고 놀란 운전자는 이성적인 뇌를 사용할 수 없다. '욱!' 하는 감정의 쓰나미를 경험하는 순간, 본능적으로 생존에 위협을 느끼는 인간은 포유류나 파충류의 뇌의 통제를 받는다. 일상에서 검증되지 않은 물건을 살 때도 경계심을 늦추지 않는 것이 바로 동물의 뇌 덕분이다.

우리의 문제는 너무나도 쉽게 동물의 뇌가 놓은 덫에 걸린다는 점이다. 말다툼하는 연인이나 잔소리를 늘어놓는 엄마도 어느 순간 욱! 하는 마법에 걸리면 쉽게 해결할 수 있는 상황을 아주 어렵게 만들어버린다. 이 모든 것이 '감성'의 적敵인 '감정' 때문이다.

감정이
감성을 방해한다

우리가 갈등 상황에서 자주 반복하는 실수가 있다. 바로 감정의 통제다. 머리로는 이야기를 끝까지 들어야지, 화내지 말아야지, 충분히 이해해봐야지 하면서도 참 쉽지 않다. 나는 이 상황을 '머리와 가슴의 불일치'라고 한다. 머리로는 '상대방과 나는 다르다'는 차이를 인정하지만 가슴까지 옮겨가는 동안 정제되지 않은 감정이 표출되어 다툼으로 번지는 경우가 있다. 감정의 통제가 충분히 되지 않아서 생기는 문제라고 할 수 있다. 말을 하다 보니 흥분해서 언어적으로는 "그래, 내가 이해한다고 했잖아!"라고 하지만 음성적 비언어가 "나는 이해하지 못한다고!"라고 말해버리는 소통의 충돌이 발생한다. 이렇게 우리의 감정은 자신도 모르게 소통체계를 뒤흔드는 실수를 유도한다.

만약 '머리'라는 '이성'은 상대와의 차이나 다름을 받아들였는데, 내 감정이 차이를 충분히 수용하지 않았을 때는 '시간'을 벌어야 한다. 머리에서 가슴으로 내려오지 않은 상태에서 소통을 이어가다 보면 텍스트text와 컨텍스트context가 충돌하는 이상한 소통이 반복된다. "아니, 내가 이해한다고 말하지 않았어? 그런데 왜 이해하라는 말을 하는 거야?" "계속 말로만 이해한다고 하고 있잖아! 그게 무슨 이해야?" 도돌이표 소통은 곧 말다툼이 되고 "정말 너랑은 말이 안 통해!"라며 불통을 만든다.

시간이 필요한 이유는 무엇일까? 즐거운 소통에 영향을 주는 몇 가지 효과를 만들어내서다. 끓어오른 감정이 만든 동물의 뇌를 다시 이성의 뇌가 통제해 논리적인 소통을 만든다. 감정이 요동치면 우리의 뇌는 스트레스 상황을 경험한다. 그래서 상대와 싸우려고 하거나fight 그 상황을 피하고 싶은 마음flight을 만들어

낸다. 결국 더이상 소통을 나누기communicare 어려워지기에 감정을 다스리는 것은 매우 중요하다. 그리고 감정의 벽에 막혀 있던 논리적 사고를 깨워서 효과적인 소통을 이어갈 수 있게 해준다.

감정을 다스리면 긴장 상태에서 꽉 막혀 있었던 생각이 조금씩 여유를 갖고 흐른다. 그러다가 소통의 맥락context이 보이고 그에 맞는 말text을 사용하게 된다. 무엇보다 감정의 충돌 상황에서 시간을 벌어야 하는 가장 중요한 이유는 그 시간에 소통의 전략을 제대로 세울 수 있어서다. 이러한 전략을 갈등관리 모형에서는 회피avoiding 전략이라 한다.[38]

생각을 만들어주는 놀라운 공간, 화장실

말을 몇 마디 나누다 보니 생각지 못한 방향으로 대화가 흐른다. 슬슬 자존심에 상처도 나고 상대방이 얄미워지기도 한다. 좋은 관계고 뭐고 지금은 말싸움에서 승리하는 것이 중요해진 것 같고, 여차하면 그냥 돌아서서 대화를 끝내고 싶은 충동도 생기는 듯하다. 이대로 조금 더 가다가는 최악의 상황을 만들 수도 있을 것 같다. 이때 필요한 소통전략이 바로 회피다. 극한의 상황이 나에게 일어난다면 나는 주저 없이 소통의 매직 키magic key를 사용할 것이다. "잠시만. 정말 미안한데 나 화장실 좀 다녀와서 다시 이야기 나누면 안 될까?"

감정을 가라앉히기 위해 충분한 시간을 벌어야 한다는 데 동의하지만 꼭 화장실을 가야 할까? 나름의 몇 가지 이유가 있다. 첫째는 명분이다. 감정이 격해진 상황에서 명분도 없이 "잠시 쉬었다가 다시 얘기하자"라는 제안은 자칫 역효과를 일으킬 수 있다. 상대방이 공감할 수 있는 이유를 제시하면 설득이 쉬운데, 그중 기본적인 욕구이자 누구나 공감할 수 있는 키워드가 '화장실'이다.

한번 생각해보자. 감정의 골이 깊어진 상황에서도 화장실을 다녀오겠다고 말할 정도라면 상대방이 얼마나 급한 상황일까? 누구나 한 번쯤은 진지한 상황에서 화장실을 찾았던 경험은 있지 않았을까? 그래서 화장실은 매우 간단하면서도 충분히 그럴싸한 시간 벌기다.

화장실이 이성적 생각을 만드는 두 번째 이유는 차가운 물로 손을 씻는 당신의 불같은 감정을 식혀줘서다. 당신도 모르는 사이 차가운 물의 온도만큼 감정이 식어버린다. 물에 닿은 손은 체온을 낮추고, 뜨겁게 타올랐던 감정과 불쾌한 흥분도 가라앉힌다. 인지심리학에서는 이를 '체화된 인지embodied cognition'라고 하는데, 쉽게 말하면 우리의 인지체계가 신체의 경험에서 비롯된다는 말이다. 차가운 물체를 들면 무언가를 평가할 때 더 무겁거나 크게 인식하는 것은 외부 자극과 신체인지가 연결되어 있기 때문이라는 것이다.

화장실에 가는 세 번째 이유는 손을 씻고 거울을 보며 자신의 상태를 확인할 수 있어서다. 흥분 상태에서 얼굴이 홍조를 띠고 있지 않은지, '화火'가 담겨 있지 않은지 등을 점검할 수 있다.

화장실에 가는 네 번째 이유는 이후의 대화를 어떻게 이어가는 것이 우호적 관계에 도움이 될지 새로운 전략을 수립할 수 있어서다. 혼자만의 공간과 혼자 누리는 시간 속에서 생각과 감정을 정돈하고 다시 소통을 이어가면 전쟁터 같던 이전의 상황에서 한결 개선된 상황을 만들어낼 수 있다. 그렇게 화장실에서 마음을 다잡고 상대방과 마주하면 놀라운 변화를 경험할 수 있다. 그사이 상대방도 나와 같은 과정을 거쳐 훨씬 좋은 감정 상태를 가진다.

감정을 다독이는 묘약, 호흡

충분히 시간을 벌 수 있는 상황만 있는 것은 아니다. 운전을 하다가 옆자리에 앉은 사람과 문제가 생겼다거나 회사에서 억울하게 꾸중을 듣고 다시 회의를 가야 하는 등의 상황 말이다. 차 안에서 대화를 멈추고 긴 침묵을 갖다가 다시 한마디 던진 말이 도화선이 되어 2차 전쟁으로 이어질지 모른다. 회의실에서 나가지도 못해 멍하게 앉아 있다가 다시 한소리를 듣게 된다면 좌절을 경험할 수도 있지 않을까?

이런 상황에서 빠르게 감정을 다독이고 다시 상대방의 마음에 집중할 수 있도록 돕는 묘약이 '호흡'이다. 감정의 홍수가 몰아쳐서 '인간의 뇌'가 이성 발휘를 제대로 못할 때, 우리 몸은 교감신경이 활발해져서 심장박동이 빨라지고 기관지가 확장되어 호흡이 가빠진다. 아드레날린 같은 스트레스 호르몬의 분비까지 왕성해지니 그야말로 '전투태세 완비'다. 이때 이성적 소통을 만들어주는 것이 호흡이다.[39]

호흡은 신체 활동에 필요한 만큼 산소 공급이 이루어지는 '대사적 호흡metabolic breathing'에 기대고 있지만 꼭 그런 것만은 아니다. 의지와 행동에 따라 어느 정도 호흡을 통제할 수 있다. 의도적 호흡은 부교감신경을 활성화해 투쟁 상태fight의 신체를 다시 안정화한다.

보통 입보다는 코로 들숨을 쉬는데 이게 참 인체의 신비다. 코로 시작되는 들숨은 코털에서 이물질이 걸러지고, 비강에서 체온에 맞게 온도가 조절된 공기를 폐로 보내주는 효과가 있다. 더 중요한 기능은 감성소통에 작은 영향을 주는, 코가 냄새를 맡는 것이다. 코가 냄새를 맡는 게 뭐가 신비로울까 싶지만 이게 그런 이야기가 아니다.

후각은 아주 원초적인 감각이다. 특히 후각은 시상을 거치지 않고 바로 변연계로 들어가서 감정과 기억에 관여하는 해마와 편도체와 작용한다. 그래서 코를 통한 호흡은 즉각적인 감정 반응을 불러일으킨다. 호흡은 감정의 동요를 자제해주는 효과와 더불어 주변 상황에 대한 공감능력을 향상시키는 일석이조의 효과까지 누릴 수 있게 한다.

나도 틀릴 수 있다는
생각을 가져라

변화해가는 문화 속에 뿌리 깊은 선입견을 제거하는
첫 번째 태도는 바로 객관화다.

잘해주고도
서운한 이유

일본인과 결혼하면서 도쿄로 이주한 지인의 이야기다. 그는 새
아파트에 입주하고 얼마 뒤 이웃 주민들과 점심식사를 겸한 상
견례 자리를 가졌다. 그는 새로 이사를 온 데다가 식사자리를 먼
저 주선했기에 한국에서 했듯이 먼저 지갑을 꺼내들며 계산대로
향했다.

그런데 함께 식사했던 사람들이 그를 말렸다. 그러고는 각자
가 먹은 비용을 나누어 내면 좋겠다고 하며 주섬주섬 돈을 모았
다. 지인은 직접 계산하겠다고 해도 주민들은 불편하다면서 기어

코 돈을 나누어 냈다. '정 없이 이게 무슨 거리감이지?'라는 생각을 하며 지인은 배우자와 이야기를 나누었다. 이내 일본인의 클린페이clean pay 문화에 대해 알 수 있었다.

한국에서 더치페이라고 하면 공식적인 모임 혹은 매우 친분이 있는 사이에서 이루어지는 방식이다. 하지만 일본 사람들은 자기 몫에 따라 돈을 내는 문화가 일상적이다. 그 이유는 무엇일까? 누군가 밥을 사면 나중에 어느 정도를 사야 할지 고민이 되고, 관계가 불편해지는 데다 구성원 중 누군가 빠지면 계산이 복잡해져서 골치가 아프기 때문이다. 차라리 밥을 안 사주는 게 서로에게 좋은 셈이다.

적당한 거리두기로 각자의 몫을 해결하는 게 오히려 좋은 관계를 유지할 수 있다는 문화. 신선하지만 충분히 이해할 수 있었다. 잘해주려는 의도는 결국 그에 맞는 답례를 기대하게 만든다. 그래서 상대가 기대만큼의 피드백을 해주지 않으면 오히려 관계에 금이 갈 수도 있다. 여기서 중요한 점은 그 선의가 상대의 요구가 아닌 베푸는 자의 독단이라는 점이다. 잘해주고 싶은 마음이라도 상대의 동의가 없으면 좋은 마음이 아니라는 뜻이다.

그러고 보니 횡단보도에 서 있는 시각장애인을 만났을 때 무턱대고 돕지 말고 '도와드려도 될까요?'라고 묻는 것이 선행되어야 한다는 강의를 들은 적이 있다. 그렇다. '감성'을 발휘하는 소통은 '동정'과 동의어가 아니다. 일방적인 선행善行보다는 상대방의 마음을 먼저 헤아리는 행동이 선행先行되어야 한다. 거리감이 오히려 모두를 잘 지내게 하는 방법이 될 때가 있다. 잘해주고 괜히 혼자 서운해하지 않으려면 말이다.

여전히 매몰된 시각,
오만과 편견

가끔 나는 강의 시간에 우스갯소리로 "여러분, 개는 인간이 '앉아!'라고 하면 앉잖아요. 이게 인간의 말을 알아듣는 거 아닙니까?"라고 질문한다. 그럼 대부분이 고개를 끄덕인다. 이어 "그런데 여러분은 개가 짖으면 알아듣나요?"라고 묻는다. 이때 대다수가 고개를 좌우로 젓는다. "그럼 누가 더 똑똑한 거죠?" 내 말에 사람들은 웃음이 터지고 만다.

개가 인간만큼 지능이 높은 것은 아니지만 그렇다고 모든 면에서 인간보다 열등하다고 할 수는 없다. 브리티시 콜럼비아대학 심리학과 교수 스탠리 코렌stanley coren은 『개의 지능intelligent of dogs』을 통해서 133종류의 견종 중 '보더 콜리'가 가장 지능이 높은 개라고 발표했다.

보통 3살 정도의 아이가 약 700단어 정도를 이해하는데 9살인 보더 콜리가 250단어를 이해했다고 하니 지능이 상당한 수준인 것은 맞다. 하지만 개의 지능이라는 것은 어떤 관점에서 설계되었느냐를 보면 이야기가 조금 달라진다.

스탠리 코렌의 견종 지능측정에서 쓰인 척도 중에 '인간의 지시를 따르기 위한 복종 지능'이 있다. 인간의 지시에 흡족할 만큼 반응하면 똑똑한 것이고 그렇지 않으면 지능이 낮다고 평가하는 척도다. 원반을 던져서 입으로 잘 물어오는 개는 똑똑하고, 실패하는 개는 무능하다고 평가하는 것은 과연 개의 특성을 잘 반영한 것일까?

인간의 지시를 따르기 위한 복종 지능에서 '인간의 지시' '복종 지능'이라는 부분도 모두 인간이 개에 대한 몰이해와 인간의 우월성에서 오는 선입견의 결과물이다. 그래서 가장 똑똑하다는 보더 콜리를 입양한 견주들은 자신의 기대에 충족하지 못하는 보더 콜리를 타박하거나 다시 파양하는 일이 잦다.

보이는 것이
진실일까?

소통능력이 탁월한 독자라면(지금까지 책을 잘 읽어왔던 독자라면) 이 이야기가 인간과 개의 문제라기보다 인간 사이를 이야기하는 것이라고 눈치챌 것이다. 누군가 스스로를 우월하다고 믿는 교만에 빠지거나 일상에서 '그건 확실해!'라고 자기주장에 매몰되는 사람에 대한 이야기다.

혹시 직장상사가 "나처럼 이야기를 잘 들어주는 사람이 어디 있니?"라며 화를 냈다면 당신은 상사를 어떻게 평가할 것인가? '자신을 전혀 모르고 있네. 앞으로 변화 불가야!'라고 생각하며 포기하지는 않을까? 이런 부류의 사람은 자신의 문제를 제대로 보지 못한다. 때문에 끝까지 자기주장만 하다가 "정말 말이 안 통하네"라고 할 가능성이 크다. 그렇다면 당신은 어떨까?

친한 친구가 나에게 와서는 회사 상사 욕을 엄청 하더니 가족 모임에서는 회사 인간관계에 별 문제가 없다고 웃으며 말한다. 그러고는 친구들과의 술자리에서는 퇴사를 고민하며 힘들어하다가 후배들 앞에서는 회사 생활은 인내가 중요하다고 가르친다. 친구의 진짜 모습은 무엇일까? 정답은 모두 친구의 진짜 모습이다.

속내를 편하게 나눌 수 있는 관계에서는 상사 험담을 하는 모습도, 혹시나 하는 마음에 아내 앞에서는 큰 문제가 없는 것처럼 말하며 안심을 시키는 남편의 모습도 모두 한 사람의 모습이다. 쌓인 스트레스를 풀고자 떠드는 친구의 모습도 마찬가지다. 인생 후배들에게 도움이 될 만한 조언을 하려는 선배의 모습 역시 친구의 모습이다.

문제는 여기저기서 다른 모습을 보이는 친구가 아니라 정형화된 하나의 모습을 기대한 당신의 선입견이다. 선입견이 먼저 들어와 자리잡은 정보가 아니라 무의식에 매몰된 인식체계라

면, 깨버리기가 매우 어렵고 그만큼 방법론을 쉽게 제시하기도
어렵다. 그래서 나는 선입견을 깨는 2가지 태도에 대해 말하고
자 한다.

늘 당신이 옳을 수는 없다,
객관화

미국의 심리학자 엘리자베스 로프터스Elizabeth F. Loftus 는 여러 실
험을 통해 기억의 왜곡을 증명했다. 실험자들에게 15개의 단어를
보여주고 기억할 것을 당부한 뒤 어떤 단어들이 기억나는지 적
도록 한다. 그리고 기억하는 단어 중에 '빛'이나 '희망'이란 단어
가 있는지 묻는다. 하지만 15개의 단어 중에는 희망이란 단어는
없다. 다만 희망을 떠올리게 하는 유사 단어만 있다. 그런데 실험
참가자 중 무려 75%가 존재하지 않는 '희망'이라는 단어를 적어
냈다. 이는 소통과정에서도 유사하게 적용된다. 우리가 어떤 대
화를 받아들이고 해석할 때, 입력되는 모든 정보를 근거로 하지
않는다. 다음의 문장을 보자.

아버지가 집에 오셨을 때가 저녁 6시경이었다.

우리 가족은 함께 식사를 하고 대화를 나누었다.

문장의 절반을 가리고 보았음에도 어떤 내용인지 쉽게 읽힌다. 보통 제공된 정보보다 내가 알고 있는 정보로 해석해서 그렇다. 이를 선입견이라고 말할 수 있다. 쉽게 맥락을 파악하기도 하지만 상대의 의도를 왜곡하기도 한다. 거짓기억 실험처럼 내가 가진 다양한 정보나 의도를 근거로 상대방의 본래 의도를 훼손하는 우를 범한다는 말이다.

우리가 상대방을 존중한다는 것은 상대방에게 마음을 두고 주체자로 인정하며 그의 생각과 감정에 최대한 공감하는 감성발휘를 말한다. 최근 조직사회에서 계층 간 소통의 부재나 오랜 기간 성별과 젠더, 종교나 정치 영역에서 갈등이 쉽게 사라지지 않는 것도 오로지 '나의 입장'만 고수한 결과다.

변화의 시대에 살고 있다면 문화 또한 변해가고 있고, 그런 변화의 기류를 잘 느끼기 위해서는 늘 나만, 내 생각만 옳을 수 없다는 비판적 자기성찰과 타인의 존중이 융합되어야 한다. 변화해가는 문화 속에 뿌리 깊은 선입견을 제거하는 첫 번째 태도는 바로 객관화다. 새로운 문화를 수용한다는 것은 그 크기와 시기에 상관없이 어려운 일이지만 어쩌겠는가? 싫든 좋든 함께 살아가기 위해서는 어쩔 수 없이 겪어야 하는 진통인 것을.

'수용' 전에 '관용'으로, 똘레랑스

"I disapprove of what you say, but I will defend to the death your right to say it(나는 당신의 말에 동의하지 않는다. 하지만 당신이 그런 말을 할 권리를 위해 목숨 걸고 싸우겠다)."

18세기 프랑스 작가 볼테르Voltaire가 했던 명언이다(위키인용집에 따르면 이 말은 사실 볼테르의 전기 작가인 에벌린 홀이 볼테르의 사상을 요약한 말이다).

이 문장에서 중요한 것은 '나와 다른 생각'과 '그것을 대하는 태도'가 분리되어 있다는 점이다. 우리가 지나친 자기 신뢰에서 오는 선입견에 매몰되지 않으려면 이러한 분리형 사고가 필요하다. 프랑스어로 똘레랑스tolerance라고 하고 관용寬容 정도로 풀이할 수 있다. 이는 상대방의 생각, 의견, 감정을 100% 수용하는 것이 아니라 '그럴 수 있다'라는 전제 아래 존중하는 태도를 말한다.

똘레랑스의 적용이 "나는 파란색이 싫어. 하지만 네가 파란색을 좋아하는 것은 존중할게"처럼 단순하면 어렵지 않다. 하지만 이런 상황은 어떨까? "나는 지각하는 행동은 틀렸다고 생각해. 하지만 지금 너의 행동은 존중할게." 이는 다른 문제다. 누구나 '다름'을 인정하라고 하지만 '틀림'을 보면 존중이 발현되기가 어렵다. 그래서 나는 2가지 관점에서 똘레랑스의 사고를 적용하기를 권한다.

첫째, 관용은 규범적·도덕적 범위 안에서 개인의 성향과 사회적 취향을 존중하는 용도로 쓰이는 것이 옳다. 완전히 틀린 것까지 존중하는 것은 소통의 기준점이 흔들리기에 오히려 혼란만 가져올 수 있기 때문이다. 생각해보자. 감성적인 소통이 중요하다고 해서 모든 것이 "에이~ 그럴 수도 있지"라고 흘러간다면, 이성적인 사고 자체가 무용지물이 되어버린다.

둘째, '지각'이라는 행동이 회사의 규율을 위반했어도 똘레랑스는 적용될 수 있다. 이는 지각 자체를 용서해준다는 것이 아니라 지각할 수 있는 상황에 대해서 관용을 베푸는 것을 말한다. 아침에 늦게 일어난 것은 잘못이지만 누구나 실수는 한다는 것에 똘레랑스를 적용하는 것을 의미한다. 법규를 위반하는 사람에게 "왜 늦었어!"라고 단호히 꼬집을 수 있지만 그 상황에 대한 관용이 들어가면 대화의 방향이 이렇게 바뀐다. "혹시 늦잠이라도 잔 거야? 무슨 일 있었어?"

만약 우리가 이런 질문을 받으면 당당히 해명을 하며 상황을 회피하려 할까, 아니면 반성을 담은 진심 어린 사과를 할까? 아마 대부분의 사람들은 자신을 배려해준 상대방에게 더 큰 미안함과 감사한 마음을 갖게 될 것이다. 내가 가진 생각과 다른 상황에 마주했을 때, 그 상황을 쉽게 수용하기 어려울 때 필요한 두 번째 태도가 관용적 시각, 똘레랑스다.

똘레랑스는 서로의 다름을 존중하는 태도를 갖게 하는 것과 동시에 문제를 일으킨 당사자가 자신을 능동적으로 돌아보고 스스로 변화하는 계기를 제공하기도 한다. 또한 나도 모르게 매몰된 선입견이 타인과의 갈등으로 번지지 않게 예방할 수 있는 방법이기도 하다.

당신은
어느 별 여행자인가?

여기 화가 단단히 난 여성이 남자친구에게 크게 소리치고 뒤돌아서 가버린다. "앞으로 연락하지마! 나 갈 거야!" 남성이 손을 뻗어 잡아보지만 여자친구는 뿌리치며 가버린다. 이별을 직감한 남성은 힘없이 뒤돌아서 '혼술'을 들이킨다. 잠시 후 걸려온 전화를 받으니 여자친구는 더 화가 난 목소리로 소리친다. "연락하지 말랬다고 진짜 연락을 안 해? 앞으로 진짜 연락하지마!"

영화 〈왓 위민 원트What women want〉에서는 여성에게 선입견이 있는 닉 마샬이 등장한다. 닉 마샬은 여성을 그저 어려운 존재쯤으로 생각했는데 우연히 여성의 속마음을 듣게 되면서 이해의 폭을 넓혀간다.

존 그레이의 책 『화성에서 온 남자 금성에서 온 여자』는 남녀의 근본적인 차이를 극복하고 조화롭게 살 수 있는 방법을 다루며 세계적인 베스트셀러가 되었다.

물론 젠더gender는 더이상 남성과 여성의 소유가 아니라 '소수자'와 함께 공유하는 개념으로 확대되었고, 여성은 이해의 대상, 남성의 이해의 주체가 되는 이분법적 세상도 아니다. 그럼에도 남녀의 차이와 갈등을 설명하는 것은 누구나 쉽게 공감할 수 있는 이야기인 데다 남과 여를 나와 타인으로 비유해서 보면 더 수월하게 이해할 수 있을 것이라는 생각에서 여전히 TV매체에 남녀 대립은 주 단골소재다.

〈왓 위민 원트〉에서는 우리가 선입견에 사로잡혀 타인에 대한 이해가 부족해질 때마다 어떤 태도를 갖는 것이 좋은지를 알려준다. 이 짧막한 대사가 그렇다.

"남자가 화성에 살고 여자가 금성에 사는 거라면 당신은 금성의 언어를 구사하면 된다."

집단에 살되
존중이 살아 숨쉬도록 하라 ────

집단주의를 실천하되
수직에서 수평으로의 전환을 시도해야 한다.

관계 속에
개인-객체의 집합

한겨울에 골프장 전 직원 교육에 강사로 참여한 적이 있다. 한 해
의 시작을 맞이하는 교육에는 회장부터 임원진, 말단 사원까지
200여 명이 모이는 중요한 자리였다. 나는 교육이 끝나고 회장의
권유로 저녁식사 자리에 자연스레 동석하게 되었다. 아무래도 전
직원이 얼굴을 맞대고 식사할 기회가 많지 않기에 회장과 임원
들은 식사에 대한 기대를 많이 갖고 있다고 했다. '식구'라는 게
밥을 함께 먹는 사이食口라는 의미를 담고 있지 않은가?

　하지만 간만에 직원들과 술 한잔 곁들이며 격의 없이 소통하

고 싶다는 회장의 기대가 깨지는 데는 오래 걸리지 않았다. 13층에 도착하자마자 100명에 가까운 직원들이 그냥 집으로 돌아갔다는 소식이 들려왔기 때문이었다. 넓은 식당에 절반의 자리가 비어 있었고 소고기 전골만이 하염없이 끓고 있었다. 졸지에 난감한 식사자리를 하게 된 나를 보고 회장은 미안했는지 사정을 설명해주었다. 요즘은 강압적인 분위기를 경계하는 추세라 교육 말미에 '바쁜 일이 있는 사람들은 먼저 가도 좋다'라는 말을 했다는 것이다. 그 이야기를 듣고 나도 모르게 이렇게 소리쳤다. "아니, 그렇다고 이렇게 가버렸다고요?"

2000년대 초반까지만 해도 가족끼리 함께 식사하고 TV 앞에 모여 여가시간을 보내는 것은 여느 집에서 보던 저녁 풍경이었다. 최근 개인주의적 문화와 더불어 TV를 대체할 매체가 등장하면서 여가시간과 가족 간 소통의 결까지 바꾸어버렸다. 연대나 공동체 따위는 온데간데없이 자기를 중심에 두고 수평적인 소통을 추구하는 개인주의 문화는 방에 틀어 박혀 유튜브를 즐기고 회식보다는 퇴근 후 여가를 누리게 만들었다.

예전 같았으면 회사라는 조직에서 우리는 하나라는 연대의식이 있었겠지만 요즘은 개인의 생각과 선택을 존중하는 문화가 공동체 의식 위에 존재하는 경우도 많다. 다행스럽게도 골프장 회장 역시 이런 변화에 대해 이해하고 수용한 것 같았다. 허무하게 버려진 음식에 대한 불편함은 물론이요, 외부 강사를 초대하고 빈자리가 많아서 무안한 마음이 들면 어쩌나 하는 생각을 하는 찰나 그가 이렇게 말했다. "이런 걸 예전 방식으로 강요하거나 그러면 안 됩니다. 어쩌면 사전에 식사 인원을 확인하지 않은 우리의 잘못도 커요. 우리 앞으로는 의견도 먼저 듣고 더 잘 준비해봅시다." 회장이 건넨 말에 그 자리에 있던 모두가 고개를 끄덕이고 소소한 식사자리를 마칠 수 있었다.

'우리'에서
'나'로

얼마 전 출장 때문에 방문했던 호텔에서 있었던 일이다. 체크인을 하려고 로비에 있었는데 단체 관광객으로 보이는 중국인들이 자리를 잡고 있었다. 원래도 중국인들은 목소리가 큰 편이라고 하지만 그날은 로비도 넓고 한산해서 유난히 시끄럽게 들렸다. 지나가는 사람들도 인상을 찌푸리며 쳐다보는 것을 보니 나 혼자만의 생각은 아니었던 것 같다.

나는 '중국인'이라는 특정 국민을 비판하려는 것이 아니다. 특정 민족이나 문화의 문제점을 지적하기 전에 먼저 고민해야 할 것은 지나친 개인주의로 인한 공동체 의식의 결여다. 일부 중국인의 소란함을 예로 들었지만 우리나라 사람이라고 크게 다르다고 단언하기는 어렵다. 동남아나 일본 여행지에서 한국 관광객의 무례함이나 문제들도 쉽게 볼 수 있다. 타인에 대한 배려나 해당 문화에 융화하는 노력이 부족하기는 마찬가지다.

가족 구성원의 수는 줄어서 핵가족화가 되고, 아파트 대단지는 자체 커뮤니티를 갖고 외부와의 관계를 줄여간다. 미래가 불안한 현재를 사는 젊은 직장인은 조직보다는 개인의 안위를 우선에 두기 시작했다. 이제 '우리'보다 '나'만 중요해지는 시대로 진입한 것일까?

이 책을 쓰면서 돌아보니 우리나라의 집단주의와 그 안에 관계주의에도 많은 변화가 있었음을 알 수 있었다. 예전에 자기소개서의 첫 줄은 대부분 '엄부현모(엄한 아버지와 현명한 어머니) 아래서 태어나'로 시작해서 가족관계와 주변 환경을 설명하는 데 할애했다. '나'라는 사람을 '관계'를 통해 증명했던 시기가 있었다. 가문의 명예와 아버지의 기대에 따라 미래와 진로를 정하는 일도 흔했다.

하지만 이제는 자기소개서를 진짜 자기를 소개하고 나타내는 방식으로 쓰고, 자신을 가꾸고 투자하는 데 더 많이 신경 쓰는 문화로 변해가고 있다. 개인주의가 개인 간에 장벽을 세우고 그 벽이 공고해지면 앞으로 소통과 관계 자체가 어려워지는 것은 아닐까 하는 염려가 들기도 한다.

'나'로부터 시작하는
새로운 '우리'

2002년 월드컵 본선이 열리기 전까지 축구라는 스포츠에서 선수 간 위계질서는 견고한 성城 같았다. 한국 축구는 실력보다는 서열을 중시하고 객관적 평가보다는 위계에 의해 운영되었다. 그래서 네덜란드에서 온 외인外人 감독이 추구하는 수평적 소통은 큰 거부감으로 다가왔던 것도 사실이다. 선배와 후배가 같은 방을 쓰고 그라운드에서 동등한 선수로 대한다는 것은 그때만 해도 받아들이기 어려운 문화였다. 하지만 기적의 4강 신화를 이루면서 깨질 것 같지 않았던 성벽은 조금씩 무너져 내렸고, 서열과 위계가 아닌 수평적 교류의 소통문화가 자리하기 시작했다.

히딩크 감독으로부터 시작되었던 새로운 소통문화가 이어져 또 하나의 업적을 만들어냈다. 2019년 U-20 축구대표팀은 월드컵에서 아시아 최초 준우승이라는 결과를 얻었다. 나이와 경력을 초월해서 팀의 승리라는 '목적'으로 가장 어린 이강인 선수를 '막내형'이라 부르며 그의 실력을 존중하는 문화를 만들어냈다. 그리고 막내이자 형은 진짜 형들을 더 존중하며 돈독한 관계를 구축했다.

나는 한국의 소통문화의 변화가 '나'라는 단절이 아니라 나로부터 시작하는 새로운 '우리'의 형성이라고 생각한다. 이는 개인에 대한 존중을 기저에 두고 상황에 따라 적합한 소통을 해나가

194

는 건강한 '관계주의'의 시작이다. 축구 경기처럼 집단이 존속하고 성과를 얻기 위해서는 개인보다는 조직의 목표를 우선에 두는 것이 필요하다.

최근의 문화는 조직 안에 속한 개인의 성장이 포함되지 않는다면 조직이 가진 집단 목표도 무색해진다. 내가 속한 가족의 명예도 중요하지만 내가 꿈꾸는 무엇을 위해서는 마냥 희생하지는 않는 사회가 되었다. 그래서 조직의 목표를 이루어가지만 수직적 위계에 의한 개인의 희생이 아니라 수평적으로 교류하고 모두가 공감하는 공동체의 목표를 이루어가는 방식으로 전환되어야 한다.

집단주의의 부정적인 면이 있다고 해서 그 누구도 한국인을 개인주의적인 삶을 살아야 한다고 주장할 수 없다. 과거와 현재의 문화가 공존하고 있는 현실에서 집단주의를 실천하되 수직에서 수평으로의 전환을 시도해야 한다.

'우리' 안에 너와 나는 별도로 존재한다

한국과 일본은 물리적 거리는 가깝지만 과거 아픈 역사로 갈등을 빚었던, 그야말로 먼 나라이자 이웃나라다. 최근 일본의 반도체 부품 수출규제로 우리 국민들의 자발적 불매운동이 일어났다.

이전에도 비슷한 형태의 불매운동이 있었지만 이번은 과거와 달리 여풍이 세다. 그래서 우리나라와 일본뿐 아니라 관련국들까지도 예의 주시하는 불안한 상황을 유지하고 있다.

국가는 국익을 위해 갈등과 화해의 외교 전략을 구사한다. 그러므로 한국과 일본의 대립은 넘어야 할 산이자 풀어야 할 과제다. 문제는 일본여행을 자제시키거나 일본 수입품 불매 등의 시민운동과 얽힌 내부 갈등이다.

한국인들 사이에서 굳이 그렇게까지 할 필요가 있느냐는 반대파와 이럴 때 힘을 합쳐야 한다는 찬성파가 맞서는 일이 생겼다. 국가라는 조직 간 대립 속에서 구성원끼리 힘을 합쳐서 대응하는 게 당연하다. 그럼에도 반대 의견이 나오는 이유는 국가가 개인에게 강요하는 희생이 일방적이거나 획일적이어서는 안 된다는 견해를 존중해야 하기 때문이다.

내가 속한 조직을 위해 노력하는 것과 개인의 생각과 취향을 존중하는 것 중에 무엇이 더 우위일까? 이는 이분법적 선택의 문제가 아니라 교차적인 시각으로 풀어가야 한다. 각자의 의사를 존중하되 국익이라는 공동 목표는 유지하는 것이다. 조직을 위해 모두가 동등한 희생을 강요받고 따르지 않으면 조직의 쓴맛을 보여주었던 과거 시대에서 한 걸음 나아가 각자가 처한 환경과 상황에 따라 힘을 보태야 한다.

이번 불매운동처럼 모두에게 같은 수준의 행동을 강요하거나 따르지 않는다고 해서 비난하는 것은 과거 지향적이다. 그렇다고 반일운동에 반대하고자 일본 물품을 구매하자고 운동을 벌이는 행위는 더더욱 바보 같은 일이다.

공자는 『논어』를 통해 무작정 같은 색을 갖도록 하는 강요를 소인배의 행동이라고 했다. 조직이 가려는 방향에는 공감하되 그 안에 각자의 방식이 존중받을 수 있는 문화가 획일화된 집단주의에서 발전하는 소통문화를 만들 수 있다.

잘되는 집안의 색다른 '우리' 정신

금융권 회사의 차장인 고객사 담당자와 대화를 나눈 적이 있다. 자녀의 유학문제로 고민하던 그는 한국의 주입식 교육과 경쟁적인 사회문화 때문에 다른 환경에서 교육받을 수 있는 기회를 주고 싶다고 했다. 다만 자녀가 유학생활을 마치고 대학을 입학하면 그다음에는 자기 권한 밖이라 했다.

연봉의 상당 부분을 학비와 현지 체류비로 보내주고 자녀의 미래를 지원하면서도 정작 그 미래는 자신과 무관하다는 '쿨'한 모습이 좋아보였다. 하긴 지금이 1980~1990년대도 아니고 부모 역할의 범위와 그 경계도 달라졌다. 더군다나 자녀의 미래를 끝까지 책임질 수도 없으면서 '내가 너를 어떻게 키웠는데!'라며

구분	수직적 집단주의	수평적 집단주의
조직문화 특징	질서, 위계 중심의 일체감	평등, 공동체적 목표 중심의 상호작용, 협동
소통의 특성	수직적, 공식적, 저밀도, 집중형 소통	수평적, 비공식적, 고밀도, 분산형 소통

부담을 지우겠는가.

그는 자녀가 바라는 모습대로 커주면 더할 나위 없이 좋겠지만 자녀에게 부담이 되면 역효과가 생길 것 같아 최대한 학업 이야기는 자제한다고 했다. 자녀가 관심 있는 분야로 이야기를 나누면서 자연스럽게 미래에 하고 싶은 일이나 직업에 대한 정보를 주고받고, 이 과정 속에 서로가 생각하는 것을 공유하는 '진짜 가족'이 될 수 있다면서 말이다.

일상에서 서로에 대한 정보를 자연스레 공유하고 목적을 갖고 말하거나 결론을 짓지 않는 대화를 하니 부담이 덜하다. 행복한 가족과 잘나가는 조직에는 나름의 소통문화가 있다. 이 사례처럼 부모와 자녀가 수평적으로 자주 소통하되 일상에서 나누는 이야기를 통해 교류를 만드는 것을 '수평적 집단주의'라고 한다.[40] 반대로 리더가 수직적인 구조에서 필요시 공식적인 소통을 주도하며 결과를 도출하는 것을 '수직적 집단주의'라고 한다.

위와 아래가 함께 만드는
수평적 관계주의

수직적 집단주의는 과거 한국인의 집단주의와 공동체주의적 소통문화다. 아무래도 필요한 시기에 집중해서 이루어지는 위계 중심의 소통문화다 보니 소통이 소극적으로 흘러가거나 리더 중심의 무분별한 동조, 개인의 희생 등 부작용이 생길 수 있다. 그렇다고 서양처럼 개인주의가 마냥 옳다고 할 수도 없으며, 옳다고 하더라도 그렇게 흘러가기에는 급진적이다. 따라서 전체 틀은 집단주의를 유지하되 그 안에서 수평적인 교류가 가능한 환경 조성이 필요하다.

나는 수평적 집단주의를 수평적 관계주의로 바꿔서 부르고자 한다. '집단주의'라는 단어 앞에 '수평'을 수식했음에도 여전히 '서열화'와 '위계화'라는 '수직'의 의미를 담고 있다는 느낌 때문이다. 그렇기에 '수평'을 지향하는 '집단'의 조직문화를 위해 리더가 져야 할 책임이 커질 수밖에 없다.

실제로 최근 기업교육 현장에서는 세대 간 갈등에 대한 교육이 만연하다. 문제는 이 과목의 수강생이 대부분 리더나 관리자들이라는 점이며 내용 역시 소위 '90년대 생'으로 일컬어지는 MZ세대의 이해가 주를 이룬다. 아무리 리더가 조직의 색깔을 만든다지만 리더만 부하를 이해하면 된다는 식의 변화는 무지에 가깝다.

로마에 가면 로마의 법을 따라야 하듯 새로운 조직에 몸을 담은 사람 역시 조직에 대한 이해와 수용을 위해 노력해야 한다. 신입사원 역시 자신들을 이해하려고 애쓰는 기성세대에 대한 특성을 공부하고 이해의 폭을 넓히는 노력을 해야 한다. 상호 간의 노력이 결실을 맺고 사이가 좁혀질 때 진정한 수평적 소통이 이루어진다. 이러한 수평적 문화는 조직 구성원이 함께 노력해서 만드는 것이기에 '관계주의'라는 의미를 부여하는 것이다.

조직은 다양하다. 누구나 하나 정도의 집단에 속해 있다. 퇴근 후 가정이나 동호회 등 새로운 조직에 다시 속하고 그 안에서 맺는 관계도 다양하다. 집단 내 역할을 하나로 규정할 수 없다는 뜻이다. 어디에 머무르던지 관계에 따른 방식의 존중과 소통, 그리고 존중이 있어야 한다. 이러한 소통문화 속에 머무르는 구성원들이 내적동기 유발 역시 잘 된다고 하니, 잘되는 집안에는 그만한 이유가 있는 법이다.

상대가
진짜 듣고 싶은 말을 하라 ────

먼저 져주는 소통을 시도하자.
결국 관계에서 승자가 될 테니까.

인간이 동물보다
나은 점

과연 인간이 동물보다 똑똑할까? 지능은 인간이 월등히 높지만 모든 면에서 꼭 그렇다고 단정짓기는 어렵다. 이를 뒷받침하는 실험이 있다. 배가 고픈 개 한 마리가 있다. 먹이는 철망 너머에 있고 길을 돌아가지 않으면 개는 먹을 수 없다. 잠시 멍하게 있던 개는 이내 철망을 돌아서 먹이를 먹는다. 이는 통찰이론을 제창한 독일의 심리학자 쾰러Wolfgang Köhler의 통찰실험이다.

흔히 통찰한다는 것은 예리한 관찰력으로 사물을 꿰뚫어본다는 사전적 의미와 더불어 생활체가 자기를 둘러싼 내적·외적 전체 구조를 새로운 시점視點에서 파악하는 일이라는 철학적 정의를 가진다.[41] 잠시 생각에 잠긴 개가 새로운 길을 찾아서 먹이를 획득한다는 것은 얕게나마 개도 통찰의 경지에 오를 수 있다는 것을 의미한다.

인간이 동물보다 우월한 것은 무엇일까? 오랑우탄이나 침팬지가 나뭇가지를 무기로 사용하고 해달이 돌로 조개를 깨어먹는 모습이 관측되면서 도구 사용은 더이상 인간의 유일함과 우월함이 아님이 증명되었다. 불을 사용한다는 것 역시 보노보가 일정한 학습을 통해 인간의 행동을 따라하면서 물음표를 달게 되었다. 인간은 옷을 입고 회사나 학교에 가지만 동물은 옷이 필요 없으며 생산 활동을 위해 정해진 곳으로 출퇴근하지 않는다. 하지만 이는 근본적인 차이라기보다 발전과정에서 파생된 후천적 차이기에 번외로 봐야 하겠다.

인간이나 동물은 각자가 쓰는 언어가 있고 이를 바탕으로 원활하게 소통한다. 다만 인간은 의미를 담은 문자가 있지만 동물은 없다. 문자에는 태생적으로 존재하는 고유한 의미와 상황에 따른 유동적인 의미를 함께 가진다. 'Baby'라는 영어 단어는 아기를 뜻하지만 부부나 애인관계에서는 사랑의 표현으로 쓰인다. 결국 인간이 인간다운 소통을 하려면 인간만의 특권인 문자의 중요성에 집중할 필요가 있다. 따뜻한 정을 바탕으로 한 감성적 소통은 지금, 여기에 머무는 동안 접하는 관계마다 그에 맞는 상호작용을 하는 것이다.

늦은 시간 퇴근한 아버지에게 "식사는 하셨어요?"라고 말한다. '식사'는 밥 한 끼 이상의 위안이 되고, 주말 동안 프로젝트 준비로 골치를 앓아온 부하 직원에게 "고생 많았지?"라는 질문 역시 '고생' 이상의 그 무엇을 담고 있다. 인간적이며 가장 한국적인 감성소통은 문자가 가진 다양한 의미를 상황에 맞게 잘 꺼내어 나누는 데 있다.

당신에게
진짜 듣고 싶은 말

내가 강의 현장에서 가끔 주고받는 이야기가 있다. '당신은 어떤 말을 들을 때 가장 기분이 좋은가?' 강의를 듣는 사람들의 직업이나 직급에 따라 대답이 다양하다. 직장인은 '수고했어' '잘했어' 등과 같은 공감적 대화에 반응했고, 가끔 '퇴근해~'와 같이 현실적인 대답이 나오곤 한다. 그런 이야기를 하고 나서 다시 묻는다. "그럼 지금 강의를 하고 있는 저는 여러분에게 어떤 말을 들으면 기분이 좋을까요?" '좋았어요' '재미있었어요' '목소리가 참 좋아요' 등 다양한 대답이 나온다.

나는 이 중에서 '도움이 되었습니다'라는 대답이 가장 좋다. 강의는 재미있게 하면 좋지만 재미를 주려고 하는 것이 아니다. 외

모에 대한 칭찬은 부끄럽게도 감사하지만 강사의 본업과는 거리
가 있다. 짧은 시간이나마 변화의 계기를 마련하기 위해 강단에
선 사람으로서는 누군가에게 행동변화에 도움이 되면 좋겠다는
바람을 가지고 간다. 그래서 내가 듣고 싶은 말은 '정말 도움이
되었습니다'이다. 우스갯소리로 '다음에 또 초빙하고 싶어요' '강
사료를 올려드리고 싶어요'라고 말하는 학습자도 있는데, 이건
정말 감사하다(물론 농담이다).

　나는 2가지를 말하고자 한다. 첫째는 상대방이 듣고 싶은 말과
행동은 오로지 상대방이 원하는 것에서 시작해야 한다는 점이다.
그럴싸한 말과 본질을 들여다보고 하는 말은 다르며 좋아할 것
같은 말과 좋아하는 말은 다르다. 결혼 후 한참 동안 아이가 생기
지 않아 고민인 부부가 있다. 보통 자신들에게 자녀가 있는지 묻
는 사람에게 사정을 설명하면 사람들은 위로를 건네는데 그들은
그게 오히려 상처가 된다고 했다. 자꾸 언급되는 것이 힘이 든다
는 것이다. 그들이 바라는 것은 그저 '아~ 그러시군요' 하고 마는
것이라고 했다. 무엇이 진짜 따뜻한 배려일까?

　둘째는 해주면 좋은 말과 해야 할 말은 완곡한 어법이 아니라
이해하기 쉬운 직구로 던져야 한다는 점이다. 한국적 감성소통은
정으로 표현되기에 보통 말하는 이는 돌려 말한다. 그로 인해 듣
고 해석하는 이도 문맥을 있는 그대로 읽기보다 속내를 해석하
려고 애쓴다. 늦게 귀가한 딸에게 일찍 다니라고 나무라는 아버

지가 사실은 딸을 아끼는 마음에서 그런 것이니 이해하라고 한다면, 과연 그 뜻과 생각은 잘 전달될 수 있을까? 기억하자. 제대로 'contact(접촉)'하지 않으면 'un-tact(신조어로서 접촉을 최소화한다는 뜻)' 된다는 것을.

따뜻한 대화를
만드는 마술

흥미로운 실험이 있었다. 87명의 여성들에게 단맛, 매운맛, 달지 않거나 맵지 않은 스낵 중 하나를 먹도록 했다. 그들에게 매력도가 다른 남성의 사진 3장을 보여주고 매력에 관한 질문을 던졌다. 놀랍게도 매운 간식을 먹은 여성들이 달콤한 간식을 먹은 여성들보다 남성들을 더 매력적으로 평가했다. 같은 사람을 평가하는 데 음식의 향이 영향을 미쳤다는 이야기다.[42]

세인트 클라우드 주립대학의 제니 미스카 교수와 동료들이 진행한 이 실험에서는 인간이 관계와 매력을 인식하고 적용하는 범위를 넓혀야 한다는 시사점을 도출할 수 있다. 실제로 우리는 구름다리를 건널 때 빠르게 뛰는 심장박동을 이성에게 설레는 마음으로 인식한다. 또 로맨틱한 노래를 들을 때 상대방에게 호감을 갖는다. 우리는 인간의 인지가 다양한 방식으로 일어난다는 것을 알고 있다.

앞서 우리의 지능이 뇌에만 머무르는 것이 아니라 몸 전체나 환경자극에 연결되어 있다는 '체화된 인지embodied cognition' 이론에 대해서 살펴보았다. '욱!' 하는 감정이 생길 때 화장실에 가서 찬물로 손을 씻는 것만으로도 화가 어느 정도 가라앉는 효과 말이다. 쉽게 말해 우리의 마음이 심장이나 뇌에 있는 것이 아니라 몸 전체에 있다는 것이다. 수학문제를 풀 때 양손을 자유롭게 사용하고 눈동자를 움직일 때 정답률이 올라간다거나 연극배우들이 대사를 외울 때 손과 몸을 활발히 움직이면 더 잘 암기한다는 실험들이 모두 체화된 인지의 결과물이다. 우리가 상대방과 마주할 때 단지 생각과 표현에만 집중할 것이 아니라 다양한 환경까지 고려하면 더 따뜻한 소통을 할 수 있다.

앞서 살펴본 감성소통을 위한 F.B.I 방법 역시 이 심리학 이론의 연장선이라고 할 수 있다. 그럼 어떻게 활용해야 더 따뜻한 소통을 할 수 있을까?

따뜻한 소통을 하는
아주 손쉬운 방법

흔히 우리는 냉정한 유형의 사람을 보고 '차가운 사람', 반대로 나와의 관계에 집중하고 공감을 자주하며 포용하는 사람을 '따뜻한 사람'이라고 표현한다. 이것이 체화된 인지의 표현법이다.

그럼 따뜻한 소통을 하는 사람이 되기 위해서는 어떻게 해야 할까? 바로 사람에 대해 자주 사용하는 비유들이 체화된 인지의 방법이 될 수 있다. 실제로 우리는 차가운 커피를 마실 때 상대방을 조금 더 냉정하게 평가하고, 따뜻한 커피를 마실 때 그 온도만큼 상대방을 따뜻하게 인식한다.[43] 차가운 온도에는 '냉정함'이, 따뜻한 온도에는 '따뜻함'의 메타포metaphor, 은유가 형성되어 우리에게 인지되기 때문이다. 마음이 차분해지는 클래식이나 상큼한 느낌의 음악을 배경으로 대화를 나눈다거나 달콤한 음식 혹은 향이 좋은 간식을 곁들이는 것도 따뜻한 소통을 위한 방법이다.

만약 신뢰를 주고자 한다면 주고받는 종이의 두께와 말의 빈도에 관심을 갖자. 가벼운 사람은 가벼운 종이에 은유될 수 있기에 두꺼운 서류들로 이야기를 나누면 도움이 된다. '입이 가볍다'라는 체화된 인지는 말을 너무 많이 할 때 일어나기에 적절하게 통제하는 것이 좋다. 추운 겨울에 두꺼운 외투를 입혀주는 것도 좋지만 로맨틱 코미디 영화를 함께 보면 마음이 더 따뜻해질 수 있다.

사람의 심리라는 것이 기계처럼 맞아떨어지는 것이 아니다. 따라서 체화된 인지의 활용은 결국 소통상황 자체에 집중하고 상대방을 위하는 태도로 귀결될 수밖에 없다. 사랑에 빠진 사람들이 상대방의 행동, 표현 하나하나에 예의 주시하듯 관계를 맺는 방법 이전에 태도가 중요하기 때문이다. 욱했을 때 '평온함'을 가져오기 위한 노력도, 또 긍정적 소통을 위해 '따뜻함'을 선택하는 것도 모두 상대와의 좋은 관계를 위한 태도가 아니겠는가?

승리를 부르는 말, "에고, 어떡하니."

쌀쌀한 초겨울 밤, 8시쯤 되었을까. 나는 귀가를 서두르며 아내와 통화했다. "여보, 길이 조금 막혀서 집에 도착하면 대략 밤 11시가 되니 아이랑 먼저 자고 있어요." 아내는 고생이 많다고 위로하며 혹시 피곤하거나 졸리지 않은지 물었다. 이때다 싶어 괜히 투정부리고 싶은 마음에 "오늘은 좀 많이 피곤하네. 눈도 막 충혈되고." 이때 돌아온 아내의 대답. "에고, 어떡하니. 고생이네."

집에 돌아오니 기척 없는 거실에서 홀로 딸깍거리고 있는 시계만 밤 11시를 가리키고 있다. 안방 문을 살짝 열고 아이를 재우다 잠이 들었던 아내를 깨우고 나서 샤워를 했다. 기분이 한결 나아지긴 했지만 문을 열고 나오면서도 "오늘 진짜 피곤하네"라며 한 번 더 투정을 부렸다. 이제야 쌓여 있는 설거지를 하던 아내가 고무장갑을 빼고 돌아서 내 얼굴을 살폈다. 그러고는 인상을 찡그리며 하는 대답. "어휴 어떡해. 고생했어요. 눈도 정말 빨갛네."

나는 그제서야 아직 옷도 갈아입지 못하고 밀린 집안일을 하는 아내가 눈에 들어왔다. 조금 늦게 들어왔다는 이유만으로 집에서 바쁘게 있었을 아내를 잊고, 나의 피곤함만 생각했던 게 부끄럽기까지 했다. 돌이켜보면 내가 힘든 내색을 할 때마다 아내는 일을 멈추고 이 말을 해주었다. "에고, 우리 남편 어떡해~."

고대 그리스에서 유래한 피로스의 전투, 이겨도 결코 득이 되지 않는 승리를 말한다.[44] 상대방에게 당장 내가 원하는 것을 얻었다고 해도 결국 더 큰 것을 잃을 수 있고, 지금은 졌지만 오히려 더 많은 것을 얻어낼 수도 있다. '전투에서는 이겼지만 전쟁에서는 졌다'라는 어록처럼 조금 내어주더라도 더 큰 것을 얻어내야 이기는 것이 사람 사이의 관계다.

나는 아내가 먼저 내 감정을 읽어주고 상황에 공감하는 감성을 발휘하면 실컷 내 속을 풀어내기 바빴다는 것을 깨달았다. 그렇게 기분이 풀리고 나서야 아내의 기분을 맞춰주었던 것 같다. 그날 이후부터 나도 집에 들어오면 아내가 피곤하지는 않은지, 집 정리가 안 된 게 있는지 살피고 더 적극적으로 행동하려고 노력했다. 지금은 조금 힘들고 불편해도 결국 서로가 얻는 것은 더 커질 테니 말이다.

지금 내가 품은 감정은 나에게 매우 중요한 문제다. 그런데 상대방도 마찬가지 아닐까? 그럴 때는 먼저 져주는 소통을 시도하자. 결국 관계에서 승자가 될 테니까.

5장

진심 어린
배려와 존중이
기본이다

영화 〈킹스맨〉에서 "태도가 매너를 만든다"라는 대사가 나온다. 매너가 사람을 대
하는 방법론이라면 태도는 그 방법을 가능하게 하는 동력이라는 의미다. 소통 역시
마찬가지다. 복잡성이라는 특성을 지닌 소통은 모든 상황에 맞는 방법론이 존재할
수 없다. 그렇기에 사람 사이의 소통이야말로 태도가 방법론을 넘어서는 진짜 '방
법'이 되어야 한다. 배려하고 존중하는 마음이 바탕이 되면 진심으로 이해하고 공
감하려 애쓰게 되고, 그 과정 속에서 자연스럽게 감성적 소통이 실현될 수 있다.

01 ——— 어쩌면 가장 한국적인
소통문화 ———

감성소통 프로세스를 촉발시키고 행동할 수 있도록 하는 것이
바로 '인간적인 배려와 윤리'다.

윤리라는 이름의
인간적 소통

우리 할머니가 자식들에게 무언가 서운한 감정을 느낄 때 일종
의 푸념처럼 하는 말이 있었다. "늙으면 죽어야지…." 그 말을 들
을 때마다 "할머니 죽지마"라고 울먹이며 말하는 손주들도 있고
"에이, 그런 말씀 하지 마세요. 죽긴 누가 죽는다고 그래요!" 하
는 친척들도 있었다. 할머니는 그렇게 자신의 존재감을 드러냈
다. 그때는 할머니의 말이 참 무섭게 느껴져서 슬펐다. 그런데 할
머니는 '죽음'이라는 무서운 말을 내뱉고 나서도 식사를 할 때는
이렇게 말했다. "이걸 누구 먹으라고 하는 거야? 이러다가 건강

나빠지면 어쩌려고."

　말하는 사람이 무엇을 기대하고 바라는지에 대한 집중과 통찰은 기술의 차원으로 보인다. 하지만 그 근원은 인간에 대해 느끼고 반응하는 윤리의 차원이다. 인간적인 배려와 윤리가 바탕이 될 때 다소 부족한 기술을 충분히 메울 수 있는 감성소통이 가능해진다.

　공자는 '인仁'을 핵심가치로 주장했다. 중국 후한의 경학자로 알려진 허신 선생의 『설문해자說文解字』에서는 '인'이라는 글자 자체가 원래 '두 사람二人'을 의미하는 표의문자라고 했다. '인'은 사람 사이의 '좋은 관계'라는 감성소통과도 뜻이 통한다. 그래서 『논어』 「안연편顔淵篇」을 빌려 공자는 '인'이라는 윤리적 가치를 통해 '애인(愛人, 인간을 사랑하는 것)'의 중요성을 말했다. 상대방과 내二人가 서로 '사랑하는 마음'으로 대하며 소통할 때 진정한 감성소통이 가능한 것, 이것이 인간적 배려와 윤리가 감성소통의 근원이라는 주장의 근거가 된다.

　할머니가 말씀하신 죽음에 대한 푸념은 할머니 입장에서는 화자 중심의 소통이었다. 할머니의 표현에 담긴 함축의 의미들을 후손들이 잘 해석해 적절하게 반응하면 할머니도 자식들도 편할 일이었다. 지금은 할머니에게 조금 아쉬움이 남는다. 빈말이라도 그런 말을 듣는 자식들의 심정을 조금은 헤아려주셨으면 어땠을까? 배려와 윤리가 수직적으로만 작동하던 때와 다른 요즘이라서 그렇기도 하고, 감성소통은 오로지 청자라는 자식들의 몫이 아니라 상호작용, 윗사람과 아랫사람 모두가 만들어가는 예술이 기 때문에도 그렇다.

그래도
간직해야 하는 것

유교문화는 개선의 대상이자 현재의 한국적 문화를 바라볼 수 있는 현미경이 아닐까 싶다. 오랜 기간 한국인의 관계와 소통방 식을 형성해갔던 토대가 바로 유교다. 그럼에도 분명히 개선해야 할 것과 발전시켜야 할 것은 구분할 필요가 있다. 특히 그 안에 숨겨진 '윤리' 개념은 감성소통에서 매우 중요한 키워드다.

단순히 타인을 돕는 이타심이나 '착하게 살자' 따위의 정의를 말하는 것이 아니다. 우리 사회에 깊이 박혀 있는 윤리적 마인드 는 우리도 모르는 사이, 따뜻하고 정이 넘치는 사회를 만들었다. 그래서 한국적인 소통의 마지막을 가장 한국인다운 키워드로 마 무리하려고 한다. 다음은 일상에서 흔히 볼 수 있는 우리 사회의 풍경들이다.

버스 뒷자리에 앉아서 졸고 있던 고등학생 A군. 할머니 한 분이 근 처로 다가선다. 자리가 남지 않은 노약자석을 슬쩍 쳐다보고는 허리를 한 번 두드린다. A군은 자리에서 벌떡 일어나 할머니에게 말했다. "할머니, 불편하시겠지만 이 자리라도 앉으세요!"

이 상황은 연대감과 유교문화를 언급하지 않아도 어른에 대한 공경이라는 데 공감할 수 있다. 기본적인 도덕교육을 받은 사람이라면 상대적으로 체력이 약한 사람을 배려하기 마련이다. 그렇다면 다음 상황으로 넘어가보자.

거실에서 신문을 보던 아버지가 자꾸 인상을 찌푸린다. 신문을 가까이 당겼다 다시 멀리했다가를 반복하고 있다. 이를 가만히 보던 아들이 이렇게 말한다. "아버지, 돋보기안경 가져다 드릴까요?"

아들은 시력이 안 좋은 아버지에게 돋보기를 가져다 드린다고 말함으로써 상황을 올바르게 해석했고 적절한 감성소통을 했다. 아버지가 직접적으로 요구하거나 함축적인 메시지를 주지 않았음에도 아들은 비언어 표현을 알아차리고 최적의 반응을 한 셈이다.

약속시간에 늦어서 허겁지겁 달려가고 있는 친구. 만나기로 한 친구가 지난번 약속에 늦었을 땐 그렇게 나무랐었는데 처지가 바뀌니 미안함보다는 민망함이 더 크다. 카페 2층까지 단숨에 뛰어 올라가서

기다리고 있는 친구를 바라보며 '아…. 뭐라고 첫 마디를 꺼내지? 그냥 미안하다고 해야 하나? 핀잔을 주면 더 부끄러울 텐데…'라는 생각을 한다. 그때 친구가 먼저 인사를 건넨다. "왔어? 버스 많이 막혔지? 내가 지난번에 얼마나 고생했었다고. 으이그, 그것도 모르는 놈이 그땐 얼마나 다그치던지. 어서 숨 돌려."

약속에 늦은 친구를 무조건 감싸는 천사표 친구가 아니다. 차가 막혀 늦었을 때 느꼈던 감정을 토대로 친구가 느끼는 감정에 온전히 공감했을 뿐이다. 마음을 온전히 이해하면 그 마음으로 소통한다. 단지 그뿐이다.

우리는 관계를 발전시키기 위해 감성소통에 대한 올바른 이해를 시작으로 다양한 방법론을 살펴보았다. 이 모든 프로세스를 촉발시키고 행동할 수 있도록 하는 것이 바로 '인간적인 배려와 윤리'다. 약속에 늦은 친구에게 먼저 따지기보다는 미안해할 친구의 마음을 측은하게 여기는 일종의 연민은 기술과 방법으로 설명할 수 없는 그야말로 감성의 영역이다. 이 책의 마지막 장을 통해 감성소통의 시작이자 완성할 수 있는 인간적인 배려와 윤리, 그리고 이것이 어떻게 감성을 만들고 행동하게 하는지 살펴보고자 한다.

윤리도
과정이 중요하다

어려운 부탁을 앞두고 망설이는 동료 C가 있다. 최근 돈 문제로 고민이 있다는 것을 안 D는 굳이 C가 말하지 않아도 무엇을 기대하는지 알 수 있었다. 이 상황에서 최초 상황을 만든 '화자'는 C다. 그의 내면을 통찰하고 그것을 모른 척해서 묻어둘 것인가 아니면 적극적으로 개입해서 도움을 줄 것인가 하는 권리는 '청자' D가 갖는다.

일단 여기서 '도움의 여부'는 소통의 문제가 아니라는 사실을 분명히 해야 한다. 위 상황처럼 배려와 윤리라는 것이 물질로 이어져야 하는 것은 아니다. 도움을 주고 말고는 소통의 과정이 아니라 다른 상황이 만드는 결과의 문제다.

감성소통은 도움이 필요한 C를 대하는 D의 '마음 씀'이다. 그리고 가끔 모른 척하는 것이 오히려 불편한 상황을 덜 만들기도 한다. 도움의 손길을 눈치챈 D가 도움을 주기 어려워서 애써 모른 척했을 때 C가 '그래, D도 어려운데 말 안 하길 잘했어'라고 생각하게 된다면 오히려 D의 '무심함'은 좋은 소통이 된다. 자주 언급하는 말이지만 감성소통은 결과가 아니라 '과정의 문제'다. 그렇기에 D가 집중할 것은 지금 C가 느끼는 어려움을 내가 어떻게 받아들일 것인가 하는 데 있다. 도움 여부를 떠나 그가 가지고 있는 아픔이나 슬픔을 내가 느낄 수 있다면 어쩌면 꽉 잡은 두

손으로도 위로와 힘을 줄 수 있다.

"이렇게 말하기까지 얼마나 고민이 많았겠어. 그 마음 조금이라도 알 것 같다." 이렇게 상대방이 느끼는 부끄러움을 보듬어줄 수 있는 소통이 더해진다면 진정성을 느끼지 않을까? C는 자신의 마음을 이해해줘 감사하고 직접적인 도움을 받지 못할 것이라는 사실을 확실히 알게 되어 생각을 깔끔하게 정리했을 것이다. C는 금전적인 도움을 받지는 못했어도 D와 좋은 관계는 유지할 수 있게 되었다.

결국 D는 맹자가 제시한 4단四端 중 '곤경에 처한 사람을 측은하게 여기는 마음', 즉 측은지심惻隱之心을 바탕으로 배려와 윤리를 행한 셈이다.

오해와
이해

감성소통을 이해하고자 한국의 정이라는 특수한 문화에 대해서도 살펴보았고, 유교사상을 근간으로 한 배려와 윤리에 대해서 논하고 있다. 이 부분에서 분명히 짚어야 할 2가지가 있다.

첫째, 유교문화의 윤리 개념을 현대의 사상에 그대로 접목하자는 것이 아니다. 아무리 좋은 사상이라 해도 현재와 과거는 시대적 배경이 다르다. 그리고 그 당시 일부 유학적 개념은 근대화에 저해되어 오히려 감성을 방해하는 요소로 작용한다. 신분과 직종, 성별의 차등이나 가부장적 위계라는 유학의 중세적 사상은 감성소통과는 분명한 결별 대상이다. 오죽하면 "공자가 죽어야 나라가 산다"라는 유학부정론자들의 외침이 있지 않은가?

다만 유교문화를 '현대에 응용될 수 있는 사상'으로 접합점을 찾는 것은 의미가 있다.[45] 앞서 언급한 인 사상처럼 보다 나은 인간관계를 위해서 적용할 수 있는 매우 중요한 개념이 그 안에 있고, 한국적 정의 문화를 대변할 수 있는 사상이 그것이기에 과거로부터 무언가를 배울 수 있다면 의미가 있지 않을까?

둘째, 배려와 윤리가 약자의 전유물이 아니다. 여기서 말하는 약자는 물리적인 힘, 사회적 위치, 나이 등 통상 개념을 포함한다. 또한 이별을 통보한 연인을 붙잡는 사람 등 상황에 의해 만들어진 약자도 포함한다. 약자에게 무조건적인 배려를 강요하는 문화를 배려와 윤리라고 정의하면 안 된다. 무분별한 소통은 자칫 역차별로 사회갈등을 조장한다. 남녀의 차이를 넘어 '반드시' 해야 함을 강요하는 성별의 규정은 남녀갈등으로 비화될 수 있다. 가난한 사람을 도와야 한다는 사고는 가난한 사람의 선택을 제한하는 폭력을 저지른다. 시각 장애인에게 길 안내를 해야 한다는 생각은 그들에게 무례를 범하기도 한다. 또 어르신 앞에서 자리를 양보해야 한다는 관습은 피곤에 지친 청년의 마음에 생채기를 낼 수도 있다.

감성소통이 언어의 의미는 물론 말하는 이의 감정과 상황에 따라 달라지는 것이라면 배려와 윤리 의식도 그래야 한다. 배려받는 사람과 배려하지 못한 사람 모두 그럴 만한 이유에 대해 설명할 기회를 줘야 하지 않을까?

배려는 약자의 전유물이 아니라 상호 모두에게 공유되는 개념이어야 의미가 빛난다. 이 부분은 윤리적 감성소통 마인드에서 조금 더 살펴보기로 하자.

02 — 인간적이거나 인간의 적이거나 ——

> 변하는 상황에 따라 적절하게 반응하는 소통에는
> 상대방을 공경하는 경청의 자세가 더욱 중요하다.

명의와 평범한 의사의
차이

4년 전 어머니는 갑작스럽게 대장암 진단을 받아 수술을 하게되었다. 청천벽력 같은 소식에 어머니는 물론 가족들도 큰 충격을 받았다. 건강 회복이 급선무이기에 마음을 추스르고 입원 준비부터 했다. 어머니는 현실을 담담하게 받아들이는 듯했지만 수술 날짜가 임박하자 불안해서인지 의료진에게 이런 질문을 하곤 했다.

"저기… 대장암 수술은 다른 암에 비해 어렵지 않다고 하셨죠?" "보통 회복하는 데 얼마나 걸리나요?" "통증이 오래가나요?" "항암치료는 꼭 해야 하는 건가요?" 의료인 입장에서 이런 질문은 일상일 것이다. 수술은 환자의 상태라는 변수가 있기에 딱 떨어지는 답이 없다. 그렇기에 의사에게 환자의 질문은 귀찮고 의미 없는 질문이 될 수도 있다. 아마 어머니의 수술을 담당한 의사도 수없이 마주치는 환자들의 질문 공세에 불편할 수도 있었을 것이다. 환자의 초조한 질문에도 그저 "결과가 나와야 압니다"라는 원론적인 답변만 되풀이한 것을 보면 말이다.

의료기관에서 환자에게 줄 수 있는 최고의 서비스는 건강이다. 환자 역시 이를 제일 바라고 원할 것이다. 하지만 플라시보 효과 등으로 대변하는 말 한마디의 힘을 보더라도 '의술' 이전에 행해야 할 의료진의 '어술'이 좋은 '마술'을 부린다는 것은 분명하다. 그러니 환자가 겪은 내적 고민과 신체적 고통에 공감하고 어루만져주는 감성소통이 환자 입장에서는 얼마나 중요하겠는가?

병원 입장에서 보더라도 모든 것이 서비스다. 모든 기관이 고객만족을 추구하는 요즘 이러한 비즈니스 관계는 이성적 거래만으로 충족되지 않는다. 직원이 고객과 거리를 얼마나 잘 유지하느냐는 '공간언어'도 고객만족에 영향을 미친다는 연구결과가 말해주듯, 서비스 산업에서 소통은 이성적 결과 그 이상의 힘을 발휘하기도 한다.[46]

수술 후 결과를 듣는 외래 진료 날이었다. 수술 결과에 따라서 온 가족이 어떻게 살아가야 할지 미래가 달라지는 운명의 날이기도 했다. 다행히 수술 결과는 좋았고 우리는 의사에게 감사를 표하며 뒤돌아 나왔다. 그러던 중 문 앞에서 늘 우리를 반겨주며 안내해주던 간호사 한 분이 어머니의 손을 잡고 귓속말을 하는 게 아닌가? 그 말을 들은 어머니는 간호사에게 연신 감사하다고 인사를 건네셨다. 수술은 의사가 했는데 의사보다 간호사에게 더 큰 감사를 표하던 어머니가 들었던 말은 고작(?) 이러했다. "어머니, 제가 봐도 정말 수술 잘되신 거예요."

무엇이 좋은 관계를 만드는가?

병원 사례처럼 의술이라는 이성적 결과와 감성이라는 선택적 과정은 대립하듯 보인다. 식당에 가서 주문을 할 때도 그렇고 택시를 타고 이동할 때도 그렇다. 음식점에서는 맛있게 먹는 것이 제일 중요한 과제이고 택시를 타면 목적지까지 안전하게 가는 것이 중요한 과제다. 그런데 택시를 타고 가는 내내 택시 기사가 정치 이야기를 늘어놓으며 휴식을 방해하거나 음식점에서 "맛있게 드세요"라는 말없이 음식만 툭하고 건네줄 때, 우리는 왜 불편함과 서운함을 느낄까? 이는 분명히 감성적인 표현이 지불하는 금액에 포함되었다는 사회적 합의 때문에 그럴 것이다. 그래서 누구나 교류하는 과정에서 내 상황에 맞는 언어와 비언어적인 표현을 기대하는 마음을 갖게 되는 것이다. 그러다 보면 가끔은 결과가 안 좋아도 그 과정에서 만족을 얻기도 한다.

나는 앞서 양평 음식점에 들렀던 이야기를 했다. 먹고 싶은 반찬은 김치였지만 단무지를 먹으면서도 기분이 좋았던 것은 역시 결과보다 과정에 대한 문제였기 때문이다. 물론 김치를 건네며 "맛있게 드세요"라는 말 한마디를 곁들이는 것이 최고였겠지만, 여의치 않은 상황에서 이루어지는 감성적 표현은 충분한 만족을 준다. 다들 그렇지 않은가?

형식적인 소통의 찝찝함

여느 날처럼 나는 강의 장소에 도착해서 교육 담당자를 만났다. 그런데 그날따라 교육 담당자가 매우 난처한 표정을 짓고 있는 게 아닌가? 그 이유를 물으니 강의 시간을 얼마 앞두고 교육장소가 급히 변경되었다는 것이다. 그런 일이야 수시로 일어나지만 진짜 문제는 변경된 장소가 400명을 수용하는 큰 강당인데 실제 참가자는 40명 안팎의 소수라는 점이다. 이런 경우 참가자들이 분산되어 앉거나 통제가 잘 되지 않으면 강의를 진행할 때 어려워진다. 직접 강의를 진행하는 강사보다 더 난감해하는 교육 담당자를 두고 뭐라 요구하기 어려워서 잠시 머뭇거렸다. 곧 내 고민을 눈치챈 담당자가 먼저 질문을 해왔다.

"저… 강사님, 장소가 너무 넓죠?" 그는 감사하게도 나의 마음을 꿰뚫어보고 읽어주었다. 이때가 기회다 싶어서 다소 좁더라도 다른 장소는 없는 것인지 물었고 곧 어렵다는 답을 들을 수 있었다. 그러면 차선책으로 참가자들을 앞자리에 배석할 수 있도록 도와달라고 요구했다. 단순하게 안내만 해서는 안 되고 40명이 모여서 앉도록 직접적인 안내가 필요하다고 자세하게 부탁했다. 강사가 직접 할 수도 있었지만 아무래도 내부 담당자가 양해를 구하고 참가자들을 이끄는 것이 훨씬 수월할 거라는 판단이 들어서였다.

담당자는 잠시 후 강당에 입장하는 참가자들에게 이렇게 이야기했다. "되도록 앞자리로 와서 앉아주세요. 강사님이 강의할 때 불편하답니다. 앞으로 오세요." '내가 불편할까봐 옮겨야 한다고?' 이런 생각이 드는 찰나 담당자는 강단에서 내려와버렸다. 그렇게 한 번 이야기했다고 정리될 분위기가 아니었다. 참가자들 서로가 눈치를 보고 자리를 옮겨야 할지 그냥 있어도 되는지 이야기를 주고받는 듯했다. 내려온 담당자는 내게 와서 이렇게 말했다. "안 오는데요? 그냥 하셔야겠어요."

경청의
인간

분명히 처음에 교육 담당자는 내 마음에 집중하고 내 요구에 경청하는 듯했다. 하지만 원하는 결과로 이어지지 못했다. 이유가 무엇일까? 바로 경청에 답이 있다. '경청'이란 단어를 보통 '傾(기울일 경)聽(들을 청)'으로 읽고 이해하는데, 이는 단순히 귀를 기울여 듣는 형태에 그친다. 그리고 몸을 기울여 듣는다는 '경청'의 유래를 살펴보면 딱히 좋은 표현도 아니다.

유가 오경伍經 중 하나인 『예기禮記』에서 보면 경청은 금기의 태도였음을 알 수 있다. 몸을 기울여서 듣는다는 것은 떳떳하지 않은 행동이다. 기울여 듣기에는 속삭이거나 몰래 말하는 것을 뭉뚱그려 포함했기 때문이다.

우리에게 필요한 진짜 경청은 무엇일까? 바로 마음가짐에 답이 있다. 마음을 상대에게 두고 조금 더 깊이 들여다보는 '敬(공경할 경)'이 쓰이는 경청敬聽을 해야만 공경하며 들을 수 있다. 내가 교육 담당자에게 바라던 것은 그가 속한 회사의 교육이 잘 진행되도록 그 방법을 함께 고민해달라는 것이었다. 외부에서 온 강사이지만 강의 시간만큼은 하나의 조직으로 같은 시간을 공유한다. 강사, 담당자, 참가자 모두가 마음을 모아 서로를 위해야 성공적인 강의가 된다.

또한 공경하는 마음이라는 '敬'에는 '몸가짐이나 언행을 조심하다'라는 뜻과 '(마음을)절제하다'라는 의미가 포함되어 있기에 일방적으로 자신의 감정을 앞세우고 상대방의 마음을 외면하는 오류를 경계하게 된다.

이런 경청이야말로 감성적 커뮤니케이션, 즉 윤리적 소통에 적합한 태도다. 특히 '감성'을 발휘한다는 것은 주변 상황에 따라 의미가 달라지는 일종의 생물이 아니던가. 시시각각 변하는 상황에 따라 유연하고 적절하게 반응하는 살아 있는 소통에는 상대방을 진심으로 공경하는 경청의 자세가 더욱 중요하지 않을까?

윤리는
나와의 소통이다

감성소통에서 배려와 윤리라는 개념이 쉽지 않은 이유가 있다. 반드시 해야 하는 규정이나 매뉴얼이라는 이성적 접근이 아니라는 것이다. 이성이 결과의 문제라면 감성은 과정의 문제다. 결과라는 이성은 반드시 해야 하는 약속이지만 과정이라는 감성은 하면 좋지만 안 해도 문제삼지 못하는 옵션이다. 우리가 추구하는 감성소통은 과정의 예술이다. 그렇기에 상대방에게 하면 좋은 그 말과 행동, 즉 '배려와 윤리' 옵션을 기꺼이 행해줄 때 좋은 관계가 형성된다.

감성소통은 '반드시'라는 외부의 '책임'이 작용하지 않는다. 아니 작용해서는 안 된다. 화자의 시그널을 느낀 청자가 어떤 반응을 하든지 자유의지로 선택한 것이라면 그것은 존중받아야 할 선택이다. 그래서 윤리의식을 바탕으로 하는 감성소통은 '자신과의 내면의 소통'이기도 하다.

앞선 사례에서 음식점 직원도 고객응대 매뉴얼의 기준으로 보면 나쁜 서비스는 아니다. 오히려 신속하게 음식을 서빙한 직원이라면 감성은 부족했을지언정 일을 잘하는 직원에 속한다. 그런데 일을 잘하는 직원과 좋은 서비스는 다른 문제다. 말을 제대로 전달하는 것과 좋은 소통을 하는 것 역시 다르기는 마찬가지다. 밥을 먹는 손님이 얼굴을 찌푸리자 점원이 먼저 다가가 "불편한 점 있으신가요?"라고 묻는 것은 감성의 영역이고 손님이 불러서 가는 것은 이성의 영역이다. 스스로 느껴서 다가가는 직원은 손님에 대한 사랑과 공경으로 행동했고, 불러서 간 직원은 해야 할 일만 잘한 것이다. 누가 간섭하지도 않지만 실천하면 좋은 것이라는 개념을 뿌리로 두는 배려와 윤리의 감성소통. 감성소통의 힘은 상대방과의 문제가 아니라 '자신과의 소통'에서 크게 발휘된다.

이처럼 감성소통은 배려와 윤리를 기반으로 하기에 실천이 쉽지 않다. 감성소통이 어려운 몇 가지 이유를 더 설명하면 다음과 같다.

- 굳이 안 해도 된다.

- 만약 한다 해도 잘한 것과 못한 것의 기준이 없다.

- 어떨 때는 해도 상대방에게 좋은 말을 못 들을 때가 있다.

- 오히려 과한 배려라며 무안을 줄 때가 있다.

- 귀찮다.

이에 어떻게 감성소통을 실천할 수 있을지 3단계를 제안한다.

03 ——— 윤리적 감성소통 실천하기 ———

상대방에게 마음을 온전히 주지 않으면
아무리 노력해도 보고 들을 수가 없다.

1단계
자율과 공경

우선 배려하는 사람의 입장부터 살펴보자. 2018년 7월 이탈리아 사진작가 알레시오 마모의 사진이 큰 논란이 되었다. 그는 인도의 가난을 고발하기 위해 '꿈의 음식'이란 사진을 촬영했다. 가난한 국가에 대한 동정과 지원을 위한 의도였다.

식탁에는 푸짐한 음식을 차려놓았지만, 가난 때문에 먹지 못하는 상황을 보여주기 위한 사진이었다. 그런데 문제는 음식은 모형이었고 소년들에게 "식탁에 앉아 먹고 싶은 음식들을 상상해보라"고 주문까지 했다는 것이다. 그의 사진은 잘못된 의식 때문에 세계적으로 큰 공분을 샀다.

'빈곤 포르노(貧困과 pornography의 합성어)'라는 말이 있다. 빈곤에 시달리는 사람들의 상황을 자극적으로 묘사한 소설, 영화, 사진, 그림 따위를 통틀어 이르는 말로, 동정심을 일으켜 모금을 유도하는 일까지 포함한다. 이는 옳은 일이라는 가면을 쓰고 배려의 주체를 난처하게 만든다. 반드시 베풀어야 하는 상황을 만들어서 배려하지 못하는 사람이 오히려 배려받지 못하는 아이러니를 맞는다. 혹은 배려하더라도 매우 불편한 배려가 되어 씁쓸함을 남긴다.

감동과 신파는 한끗 차이다. 스스로 느껴서 동해야 하는데 강요한다고 느끼면 눈물은 나더라도 공감은 어렵다. 좋은 관계는 일방적인 희생으로 만들어지지 않는다.

감성소통은 서로가 득이 되는 윈윈게임이 되어야 하기에 배려라 할지라도 누군가 불편하고 어렵다면 그 권리 역시 인정받아야 한다. 공자는 『논어』 「자로편子路篇」에서 화이부동 和而不同 을 강조했다. 개인의 자율성을 중심으로 서로의 생각을 조절해 화합을 이루는 사람을 군자라고 했고, 상대방에게 뇌동하기만 하고 화합하지 못하는 사람을 소인에 비유했다. 사람마다 결이 다름을 이해하고 그 다름 속에서 조화를 이루는 것이 좋은 관계라는 뜻이며, 그런 조화는 외부의 강요가 아니라 개인의 주관에서 시작한다는 것이다. 결국 자기와의 소통에서 승리한 사람이 그 주관을 가지고 상대방과의 조화도 만들 수 있다.

　중요한 상황에서 상대방을 돕지 않거나 공감하지 못했더라도 그것을 인식하고 반성한다면 그 마음 역시 자기배려라는 윤리의 테두리에 속한다. 나에 대한 마음 편함과 배려가 있다면 조화를 이루는 관계는 충분히 가능하다. 반면에 상명하복에 의해서 움직이는 조직은 어떨까? 겉으로는 완벽한 집단처럼 보일지라도 개인의 주관과 자율성이 없다면 공자가 말한 일개 패거리 집단에 불과할 뿐이다. 이런 조직에서는 감성적인 소통의 원윈은 불가하기 때문이다.

　배려받는 사람의 입장을 한번 살펴보자. 배려는 '짝(配)과 같은 마음으로 다른 사람을 생각하는 것(慮)'이다. 누군가를 돕는다는 갑의 생각이 아니라 상대가 처한 상황을 그 사람의 마음으로 함께 생각해보는 수평적 관계라는 의미다. 상대방에 대한 호의적 배려가 '타인의 인격을 존중'하는 심리에서 시작해야 한다는 것은 매우 중요한 관점이다. 상대의 인격을 존중한다는 것은 일방적으로 베푸는 모습이 아니라 상대방의 의사를 존중하고 양보하는 미덕을 포함하기 때문이다. 맹자가 주장한 '예의禮義'도 이러한 인격 존중에 입각한 양보, 즉 공경지심恭敬之心과 사양지심辭讓之心의 균형이다.

2단계
동화

지난겨울 큰 맘 먹고 하와이로 가족여행을 갔었다. 신혼 여행지로 하와이를 갔을 때 다음에 또 오자던 다짐을 몇 년 앞당겼으니 기대가 컸다. 더군다나 아이가 생겨 셋이 함께하는 가족여행이 되었으니 의미가 깊었다. 아이가 아직 어려 말을 제대로 하지는 못하지만 감정을 잘 드러내는 시기라서 보고 느끼기에 충분할 것이라는 믿음도 있었다. 하지만 환상은 하와이에 도착한 지 하루만에 산산이 부서지고 말았다. 첫날 밤부터 아이가 잠을 자지 않았다. 불을 끄고 아무리 재우려 해도 아이는 펑펑 울기만 할 뿐 좀처럼 잠이 들지 않았다. 오히려 재우려고 할수록 강하게 거부했고 내버려두면 바닥에 앉아서 장난감과 책을 가지고 놀기만 했다. 그렇게 아이와 씨름을 하다가 잠든 시간이 새벽 3시. 안 그래도 시차 때문에 잠이 모자랐던 우리는 2일차 오전 시간을 통째로 날리고 점심에 눈을 떴다.

2일차 역시 아이는 새벽 3시까지 잠을 자지 않았다. 화가 난 나와 아내는 아이를 다그치고 혼내고 말았다. 그렇게 마무리하고 잠이 든 시간 새벽 3시. 다음날도 점심식사를 하며 하루를 시작한 우리는 대체 아이가 왜 그렇게 떼를 쓰는지 궁금해서 인터넷을 뒤지기 시작했다. 얼마 후 그 이유를 알게 되었다. 바로 시차적응. 아이가 잠드는 새벽 3시는 한국시간으로 대략 밤 10시쯤에 해당한다. 새벽 2시에서 3시 사이에 잠을 자는 것이 아이에게는 원래 자신의 패턴일 뿐이었다. 문제는 아이가 아니라 우리에게 있었던 것이다. 평소처럼 뛰어놀던 초저녁 시간에 자꾸 불을 끄고 자라고 재촉했던 부모에게 아이는 얼마나 서운했을까? 아이에게 미안해 마음이 아파왔다. "왜 잠을 안 자고 그래!"라며 잠시 소리 질렀던 어젯밤의 일이 떠올라서 고개를 들 수가 없었다.

그래서 우리는 어떻게 했을까? 나머지 3일 밤 우리 가족의 공식 취침시간은 새벽 3시가 되었다. 자정이 가까워질 때까지 호텔 로비에서 신나게 뛰고 구르다가 12시가 넘으면 씻고 침대에 누웠다. 노래도 부르고 뒹굴기도 하다가 그렇게 새벽에 잠들었다. 그랬더니 놀랍게도 행복한 감정이 드는 게 아닌가.

원하고 바랐던 하와이는 다 둘러보지 못했지만 함께 즐거운 시간을 보내고 있다는 사실 하나만으로 더 의미가 있는 여행이 되었다. 그 일이 있은 후 책을 쓰게 된 나에게 많은 변화가 있었다. 말로 하는 역지사지, 타인에 대한 공감과 감성 발휘는 어렵지 않다. 진정 상대방의 입장이 되는 것, 상대방과 동화同化된다는 것은 매우 어려운 일이다.

공자가 생각한 인仁은 인간에 대한 막연한 사랑이 아니다. 진정한 인의 구현은 『논어』 「위령공편衛靈公篇」에서 설명한 '너와 나의 마음이 같음'이라는 서恕의 정신으로 이루어진다. 이는 「안연편」의 '내가 하기 싫은 것은 남에게 시키지 말라'나 「옹야편雍

^{也篇}」의 '내가 하고 싶은 것은 남에게도 하도록 하라'는 의미로 반복된다. 윤리적 태도가 너와 나의 동화를 만들고 결국 상대를 사랑하는 '애정을 바탕으로 한 호의적인 배려'라고 할 수 있다.

3단계
쉬운 한 마디부터

이제 막 결혼을 하고 혼인신고를 하러 간 부부가 있었다. 평생 함께할 반려자와 맞잡은 두 손은 떨렸고, 마주치기만 해도 미소가 절로 지어졌다. 그런데 법원에서 혼인신고서에 사인을 한 뒤 판사에게 건넨다. 3분 여 뒤, 이 부부는 다시 남남이 되었다. 이는 2019년 1월 쿠웨이트 역사상 가장 짧은 결혼이라는 이슈를 남긴 실제 사건이다. 이유는 이렇다. 혼인신고를 마친 부부가 돌아 나가던 중 신부가 무언가에 걸려 넘어졌다. 신랑은 넘어진 신부를 보고 그 자리에서 "멍청하다"라고 말했다.

부부관계를 '어수지친^{魚水之親}'이라 한다. 물고기와 물처럼 친한 사이라는 뜻이다. '친^親'은 '나무처럼 많은 자식^{子息}들을 부모가 함께 보살핀다^見'는 뜻으로 가정 안에서 부부는 어떤 관계보다 서로의 마음을 잘 맞추어가야 하는 특수 관계라고 할 수 있다.

아내가 넘어졌을 때 내뱉은 남편의 어리석은 한 마디는 귀한 관계를 한 번에 무너뜨리는 역할을 했다. 아내가 바라는 남편의 태도는 분명 특별한 행동이나 대단한 그 어떤 말이 아니었을 것이다. "괜찮아?"라는 한 마디였을 것이다.

노 키즈 존no kids zone에 대한 찬반 논란이 뜨겁다. 조용히 식사하고 쉴 수 있는 환경은 비용을 지불한 고객이라면 누려야 할 기본적인 가치다. 다만 출산을 권장하는 나라에서 아이를 데리고 편히 갈 수 있는 식당이 줄어드는 것 또한 생각해야 할 문제다. 노 키즈 존에 대해 무엇이 절대적으로 옳고 그른지를 결정하기는 어렵다.

나 역시 아이를 데리고 식당에 가면 주변 사람들이 이해해주기를 바라지만, 혼자 식당에 가면 방해받고 싶지 않은 마음이 든다. 그래서 나는 서로가 서로에게 윤리적인 태도로 배려하기를 바라본다. 아이가 소란스럽게 뛰어다니는데 부모가 개의치 않고 수다를 떨고 있다. 참다못해 옆 테이블 손님이 조심스레 말을 건넨다. "죄송한데 아이들을 조금만 조용히 시켜줄 수 있을까요?" 충분히 배려하는 말투에도 그 부모들은 불쾌한지 퉁명스럽게 대답한다. "애들이 좀 뛸 수도 있죠."

그가 기대한 대답은 아니었을 것이다. 아이들이 뛰어놀 수도 있다는 것쯤은 그도 알고 있다. 그가 정작 기대한 것은 아마 부모의 노력이 아니었을까? 그래서 나온 유명한 대답이 있지 않은가. "그래요. 애들은 그럴 수 있죠. 그런데 부모는 그러면 안 되지!"

좋은 사람의
좋은 소통

마음에 크게 와닿은 한 편의 영화가 있다. 영화 〈증인〉이다. 줄거리는 이렇다. 살인사건의 유일한 목격자인 자폐아 '지우'와 신념은 잠시 접어두고 대형로펌에 들어가 속물이 되기로 마음먹은 민변 출신의 변호사 '순호'의 만남이 주 맥락이다. 파트너 변호사로 승진할 수 있는 기회가 걸린 사건을 맡은 순호는 의뢰인의 무죄를 입증하고자 목격자 지우를 증인으로 세우려 한다. 자기만의 세계에 빠져 의사소통이 어려운 자폐아 지우와 소통하기 위해 순호는 갖은 노력을 하지만 쉽지 않다.

영화가 주는 편견에 대한 메시지는 이렇게 말을 하는 것 같다. '과연 아이에게 온전히 다가갔습니까?' 순호는 노력하지만 여전히 자신의 입장에서 마음이 아닌 머리로 다가가려 한다. 시간이 흐르고 자폐아 증인이 아니라 '지우'라는 한 사람에 대해 이해하게 될 때 비로소 둘은 진정한 소통을 한다. 이 영화의 홍보 문구가 남다르게 다가왔는지도 모른다. '마음을 여는 순간, 진실이 눈앞에 다가왔다.' '심부재언 시이불견 청이불문心不在焉 視而不見 聽而不聞'처럼 상대방에게 마음을 온전히 주지 않으면 아무리 노력해도 보고 들을 수가 없다. 공자의 서恕의 정신처럼 그와 내가 진심으로 통해 하나가 될 때 보이고 들을 수 있다.

이 영화에 자주 등장하는 대사 "당신은 좋은 사람입니까?"가 직업에 대한 질문이 아니라 '당신은 나에게 마음을 진심으로 열었습니까?'라는 말로 해석되는 것은 나만의 기분이었을까? 그래서 나는 좋은 사람이 하는 좋은 소통은 진심 어린 배려와 존중이 기반이 되는 감성소통이라고 확신한다.

관계를 넘어
공생으로

한국인의 소통법을 이해하고 변화를 수용하려는 이유는
좋은 관계를 통해 만드는 공생 때문이다.

작지만
매우 큰 것

10년 전쯤 제주도에 첫 강의를 갔던 적이 있었다. 공항에 내리는
순간, 따뜻한 바람과 이국적 풍경에 마음이 잠깐 설레기도 했다.
그 마음이 들었던 이유를 택시를 탔을 때 알았다. 설렘은 육지에
서 가끔씩 여행 오는 사람들의 것일 뿐, 현지인에게는 그저 일상
이라는 것을 말이다. 기분 좋은 마음으로 택시에 올라 인사를 건
넸다. "안녕하세요, 기사님!"

하지만 아무 대답이 없는 시간이 몇 초 흘렀다. 혹시 인사를 못
들은 것인가 싶어 재차 인사를 건넸지만 역시나 대답 없는 메아

리였다. 물론 간만에 제주도에 방문해서 달뜬 마음까지 어떻게 헤아려줄 수 있을까. 그건 큰 욕심일 테고 그저 기본적인 인사는 나눠도 좋았을 텐데 그 역시 어려웠던 모양이다. 유독 그때 만났던 기사님이 특별한 분이었는지 모른다. 도착지를 묻지도 않았는데도 출발하고, "○○호텔 가주세요"라는 요청에도 묵묵부답이었다. 도착하고 건넨 택시비도 뒤돌아보지 않고 손만 내밀어 받고는 유유히 나를 남기고 떠나버렸다.

택시는 운송수단이다. 고객이 원하는 목적지까지 안전하게 운행하면 목적을 달성한 셈이다. 그런 배경으로 보면 그 기사는 크게 문제가 없다. 그런데 우리는 식당에서 원하는 김치를 더 먹지 못해도 아쉬운 내 감정을 알아주는 직원에게 감사함을 느끼는 감성주의자다. 만약 김치를 주더라도 '툭!' 놓고 '획!' 가버리는 직원이 있다면 이성적 충족은 있을지 몰라도 기분이 꽤 상할 일이다.

특히 모든 산업에서 고객만족customer satisfaction을 추구하는 시대에 말 한마디가 얼마나 중요한 일인가? '제주도 택시기사들은 불친절한가?' 하는 편견이 생길 법했지만, 이후 만난 택시기사들은 친절해서 좋은 기억으로 남았다.

이런 생각이 들었다. 여행객들이 제주도에 도착해서 처음 접하는 서비스 중 하나가 택시일 텐데 그때부터 기분이 좋다면 어떤 일이 생길까? 아마 여행의 시작이 산뜻했으니 제주도의 이미지가 더 없이 좋게 느껴졌을 것이다. 초두효과primary effect 덕분에 제주도에서 조금 불편한 일이 생겨도 어느 정도는 상쇄할 수도 있으니, 택시기사의 작은 친절이 제주도 여행 전체에 영향을 끼친다고 해도 과언은 아닐 것이다.

작은 친절이란 작은 말 한마디부터 시작이고 그 말 한마디에 담겨야 할 감정은 이제 막 발을 디딘, 그래서 반갑고 설레고 약간은 불안한 여행객의 감정이어야 한다. 사소함으로 맺은 관계가 여행지에서 머무는 동안 모두에게 전이되고 공유되어 윈윈을 만드는 것이 아닐까?

함께
살아간다는 것

요즘 아이가 부쩍 뛰어다니기 시작했다. 바닥에 물건을 던지거나 발을 신나게 구르며 의사표현을 한다. 아랫집에 민폐를 끼칠 일들이 많아졌다. 아랫집에서 힘들어하겠다 싶은 마음이 들던 차에 아내가 먼저 작은 선물을 하나 챙겨서 아랫집에 내려가자고 제안했다. 물론 아랫집에서 뭐라고 하지는 않았다. 그런데 나도 예전에 윗집 7살 남자아이가 뛰어다녀서 힘들었던 경험이 있어서 알 수 있었다. 나 역시 예전에 그런 경험이 없었다면 아이가 뛰어도 마음 편하게 바라보았을지도 모를 일이다.

며칠 뒤 아랫집을 방문했다. 주인아저씨는 우리의 선물을 극구 사양하며 이렇게 말했다. "우리도 애들 길러봐서 알아요. 그게 쉽게 통제가 안 됩디다. 우리는 괜찮습니다. 괜찮아요." 배려 깊은 말에 무척 감사했다. 아랫집 아저씨는 우리가 내민 감사의 선물을 받지 않으려 했다. 그렇게 "아닙니다. 그래도 받으세요"와 "아닙니다. 도로 가져가세요"를 몇 번 반복한 끝에 선물 증정에 성공하고 다시 집으로 올라왔다. 아랫집의 불편함을 미리 생각하고 공감한 아내에게 고마웠고, 그 마음을 충분히 이해해주던 아랫집 주인아저씨의 마음도 감사했다.

그 뒤로 바닥에 매트를 도톰하게 깔고 아이가 뛸 때마다 주의를 더 주었다. 오히려 아랫집을 배려하기 위해 노력했다. 우리도 아이 때문에 시끄러울까봐 마음 졸였는데 그 마음을 누군가 알아준다고 생각하니 그게 마냥 고마웠던 것 같다. 신영복 교수가 이런 말을 남겼다. "윗집 아이가 뛰거든 과자를 사가지고 올라가 건네주며 아이의 이름을 물어봐라. 그럼 이제 아는 놈이 뛰니까 조금은 덜 밉다."

함께 살아간다는 것은 이성적 성과만 요구하지 않는다. 원하는 것을 주고받지 못하더라도 충분히 공존할 수 있는 이유는 상대방이 느끼는 것을 함께 고민하고 공감해주는 것, 그런 윤리적 배려에서부터 시작하게 되는 것이다.

외로운 사람들의
거리 메우기

한국인은 외롭다. 아니 어느 철학자는 인간은 원래 외로운 존재라고 했다. 숫자로 볼 때 한국 사람이 '더' 외로워 보이는 것은 어쩔 수 없다. 한 통계에 따르면 부모와 아이들이 함께 보내는 시간은 고작 하루 48분이었다. OECD 회원국 평균이 151분인데 한국은 OECD 회원국 중 가장 시간이 짧다. 이 중에서 아빠와 함께하는 시간만 따지면 47분이다.

한국인은 가정에서뿐 아니라 사회적인 관계 역시 다르지 않다고 한다. 한국은 '사회연계지원(어려울 때 의지할 친구나 친척이 있는지를 보여주는 부문)'에서 OECD 34개 회원국 가운데 꼴찌를 기록했다. 특히 나이가 들수록 주변에 의지할 사람이 없는 것으로 조사되었다.[47]

태어나면서부터 아니 엄마 뱃속에서부터 관계를 맺기 시작해 세상 빛을 보는 순간 조직에 귀속되는 것이 인간이다. 그런데 살면서 점점 조직의 규모가 줄고 그 조직에서 소외된다고 하니 인간의 삶이 처량하게도 느껴진다. 백번 양보해서 예전 노래 가사처럼 '알몸으로 태어나서 옷 한 벌은 건졌으니' 남는 장사라고 인정해도 위로가 되지 않는다. 왜 인간의 외로움을 경계해야 하는가? 인간은 결코 혼자서는 살 수 없기 때문이다.

사회가 제대로 기능하기 위해서는 '함께' 살아가야 하고 그 안에 '관계'가 원활하게 유지되려면 '소통'이라는 수단이 작동해야 한다. 조직의 최소 단위인 가족 안에서도 유사한 시사점을 얻을 수 있다.

과거 미국에서 부부의 삶과 관련된 연구를 했는데 결과가 흥미롭다. 1910~1930년에 출생해서 결혼한 미국인을 대상으로 한 연구인데, 아내가 먼저 세상을 떠나면 남편의 사망 확률이 30%나 증가한다는 결과다.

로체스터 공과대학교 복지-노동경제학 전문가 하비에르 에스피노사 교수 연구팀의 이 연구가 흥미로운 것은 무엇일까? 이 반대의 경우, 그러니까 남편이 먼저 세상을 떠난 경우 아내의 사망 확률에는 영향을 미치지 않는다는 사실이다. 여기까지만 이야기하면 "그러니까 평소 아내한테 잘해!"라는 잔소리를 들을 수도 있다. 그런데 아내에게도 영향을 끼치는 존재가 있었다. 바로 자녀다. 노트르담 대학교 윌리엄 에번스 교수와 공동 진행한 연구에서는 자녀를 잃었을 때 아내(여성)의 사망률은 133% 늘어난다.

인간은 사회적 동물이고 환경의 영향을 절대적으로 받는다. 환경이 이끄는 대로 살아갈 가능성이 큰 객체다. 사회와 조직에 속한 개인이자 공동의 몫이기에 내가 잘살기 위해서는 반드시 모두가 잘 살도록 노력해야 한다.

누군가를
배려한다는 것

'도와주거나 보살피고자 마음을 씀'이라는 배려는 우리가 추구하는 감성, 한국적 정서와 맞닿아 있다. 우리는 어릴 때부터 배려가 하나의 미덕이라고 배우며 자랐다. 쓰러진 나무나 굶주리는 동물에게도 무언가를 베푸는 것을 인간적이라고 여기며 살아왔다. 그런데 단순히 나보다 힘이 약하거나 부족한 대상에게 연민을 느끼는 것을 배려라고 정의하기에는 조금 부족하다.

진정한 배려는 직접 나서서 행동하는 것 외에도 특정 대상에게 그러한 마음을 느끼는 것도 포함한다. 적극적 배려caring-for와 단순한 마음 씀caring-about으로 설명할 수 있다. 적극적 배려는 상대방의 필요 욕구에 따른 직접적인 면대면face-to-face의 배려 행위라면 마음 씀은 약간의 거리를 두는 것으로 차이가 있다.[48] 적극적 의미와 소극적 의미로 이해해도 무방하다. 누군가를 돕는 행동이 적극적 의미의 배려라면 카페에서 주변 사람들을 고려해 작은 소리로 대화를 나누는 것이 소극적 의미의 배려다.

강의 현장에서 보면 의외의 사실이 있다. 외로움을 느끼는 사람 중에 회사의 리더나 능력이 뛰어난 전문가들이 상당하다는 점이다. 보통 원칙과 규율을 중시하는 성과주의자는 남다른 업무 역량으로 좋은 성과를 이루고 조직에서도 인정을 받는다. 반면에 그러면 그럴수록 주변에서 보조를 맞추는 사람들이 줄어드는 느낌을 받는다고 이야기한다.

일을 잘하는 사람들이 모두 외롭다는 이야기가 아니다. 일을 중요하게 여기는 사람 중에서 주변 사람을 배려하지 않고 수단으로 여기는 사람들이 보통 스스로를 고립시키는 우를 범한다. "지금 시간이 몇 시야! 오늘 10시에 회의가 있는 걸 몰랐나?" 분명히 업무적으로 볼 때는 옳은 말이고 반드시 해야 할 말이다. 다만 인간적인 배려가 결여된 소통방식 때문에 관계를 끊는 독이되고 만다.

회의에 지각한 사람을 용서하라는 것이 아니다. 최소한 늦은 이유가 무엇인지, 그것이 충분한 이유가 되는지 궁금해할 필요가 있다는 것이다. 보통 지각을 하면 부끄러워한다. 안 그래도 초조하게 문을 열고 들어왔는데 단번에 질책을 받으면 쥐구멍이라도 찾고 싶을 것이다. 질책보다 이런 식의 질문은 어떨까? "김 대리, 10시에 회의인데 무슨 일 있었어?"

상식이 있는 사람이라면 먼저 사과하고 재발 방지를 위해 노력할 것이다. 동시에 자신의 처지를 공감하고 충분히 배려해준 리더에게 감사한 마음을 갖는다. 또한 윗사람이 질책을 해서 움직이는 것이 아니라 주체성을 갖고 움직이니 인간적인 배려는 함께 살아가는 데 정말 중요한 태도가 아닐까?

관계를 넘어
공생으로

카페에 앉아서 글을 마무리하고 있는 나는 옆자리에서 책을 읽는 여성에게 불편함을 주지 않으려고 테이블에 흩어져 있는 종이 자료들을 수시로 정리해서 가방에 넣는다. 전화벨이 울리면 밖으로 나가서 통화를 하고, 의자가 부족한 옆 테이블의 남자를 발견하고는 내 가방을 옮겨서 빈 의자를 먼저 건네기도 했다.

나의 행동에 꾸벅 인사를 건넨 그에게 별것 아니라고 미소를 지어보이기도 했으니 최소한 카페 안에서 나는 배려형 인간이다. 게다가 카페에 폐가 될까 싶어 가급적 노트북은 자체 배터리를 쓴다. 손님이 많아지는 시간이 되면 알아서 자리를 비워주기도 한다. 그러고 보니 너무 지나치게 배려가 많은가 하는 생각이 들기도 한다.

나의 배려는 이 카페에서 어떤 의미일까? 서로를 이해하고 공감하며 상대가 원하는 감성을 발휘하면 우리가 머무는 공간은 어떤 의미일까? 최소한 함께 머무는 시간만큼은 관계를 맺는 모든 사람들과 공존이 즐겁고 행복하지 않을까?

누군가의 마음에 집중하고 공감하며 감성을 발휘하는 것, 그러한 배려와 윤리의 실천이야말로 인간이 가져야 할 덕목이다. 이는 개인에게 국한되어 요구되는 행동이라고 이해하기보다 결국 '관계'의 문제로 접근하는 편이 옳다. 인간은 무인도에 고립되는 경우를 제외하고는 더불어 살아가야 한다. 이를 위해 소통이라는 수단을 사용한다. 소통과 관계의 질을 향상시키는 것이 배려의 윤리이기 때문에, 이는 개인적인 행동을 넘어선 관계의 모습을 나타낸다. 결국 인간적인 배려는 관계의 질로 규정되며 관계를 맺고 사는 모두에게 존재하는 양식이다.[48 재인용]

초연결시대를 사는 우리가 시선을 내부로 돌려 한국인의 소통법을 이해하고 변화를 수용하려는 이유는 좋은 관계를 통해 만드는 공생 때문이다. 북경대학교 윤사순 명예교수는 '공생의 가치'가 인간이 추구해야 할 '공동선共同善'이라고 했다. 앞 장에서 언급한 불교의 불이不二사상은 세상이 단지 둘로 나뉘지 않는다는 의미와 더불어 서로 다른 이들이 관계를 맺기 위해 공통점을 찾는다는 의미도 포함한다. 결국 다른 사람들끼리 더불어 산다는 것은 '전혀 다른 둘'은 아니라는 의미이기도 하다. 이처럼 불이관계에 있는 세상 만물은 그 각각이 다른 무엇으로도 대체할 수 없는 독특한 존재이면서 서로 영향을 주며 공생하는 관계가 된다.

개인이 먼저 잘 살 수 있어야 좋은 관계도 의미를 갖는다. 반대로 관계가 건강해야 개인도 건강한 삶을 영위할 수 있다. 공생의 가치와 공동선, 단순히 같은 민족과 서열이라는 환경에 묶이는 공동체 의식이 아니라 세계시민성, 누구나 같은 시민, 더불어 살아가야 하는 식구라는 생각에서 발현된다. 나는 그저 우리나라 사람들이 보다 한국적인 소통방식을 통해 더 나은 관계, 더 행복한 더부살이를 했으면 좋겠다.

이 책 1장에서 마무리할 때 썼던 문장을 다시 한 번 써본다. 모든 시작과 끝은 서로 닿아 있어야 좋으니까. "소통은 방법이 아니라 태도의 문제다. 특히 상대방을 인간적으로 배려하고 존중하는 태도 말이다."

마지막까지
상대방에게 집중하기 ————

"한국 사람 말은 끝까지 들어봐야 해!" 이 말뜻이 한국어가 타국의 문법과 다르다는 것인지, 아니면 한국 사람은 말을 하다가도 끝에 가면 마음이 바뀐다는 것인지는 분명하지 않다. 다만 한국 사람과의 대화는 그 말이 끝날 때까지 끝난 게 아니란 말에는 공감한다. 정말 하고 싶은 말이 주로 마지막에 나와서 그런 것 같다.

'영희와 철수가 전철을 타고 명동에 가서 PC방에 들러~'라는 긴 문장이 나오는 동안에도 우리는 영희와 철수가 과연 PC방에서 무엇을 했는지 알 수 없다. PC방에서 화장실에 다녀왔는지, 그냥 게임을 했는지, 마지막 한 줄을 완성해주지 않으면 소통에 마침표를 찍을 수가 없다. 나는 이 표현에 한국인의 소통의 본질이 담겨 있다고 생각한다. '마지막까지 상대방에게 집중하기.'

한국인의 소통은 말이 끝날 때까지 끝난 게 아니다. 화자의 말에 마침표가 찍히고 나서야 상대방이 던진 메시지가 어떤 방식으로 전해오는가를 최대한 올바르게 해석하고, 다시 소통을 이어가야 한다. 말을 끝까지 듣는다는 것은 쉬워 보이지만, 그 맥락을 실천하려면 꽤 많은 방법들이 요구된다.

우선 PC방에서 할 수 있는 것들에 대한 편견과 선입견을 제거하고, 떠오르는 선입견을 억누르며 끝까지 들어주려는 인내심이 필요하다. PC방에 가서 굳이 라면을 먹었던 그들의 행동에 대해 '그럴 수도 있지' 하는 관용을 베풀어야 하며, 굳이 거기까지 가서 라면을 먹고 갈 수밖에 없었던 속사정에도 깊은 관심을 가져야 한다. 이 모든 것을 가능하게 하려면 궁극적으로 상대방에 대한 '존중'이 깃들어야 한다. 결국 한국인의 소통이란 상대방을 존중하고 배려하는 마음으로 끝까지 그의 이야기를 들어주는 것, 그리고 그의 입장에서 생각하고 그 마음에 따뜻한 감성을 발휘하는 것이다.

만약 빅 데이터를 통해 청소년의 PC방 이용실태에 관한 정보를 취득했다면, 우리는 영희와 철수의 독특한 점을 이해할 수 없었을 것이다. 거대한 정보가 오히려 새로운 선입견을 만들어 인간의 아날로그적 정서를 디지털로 단순화하는 오류를 범할 수도 있는 노릇이다.

모든 것이 초월해서 연결되고 무한한 확장을 그려가는 변화의 시대를 살고 있는데, 그 중심에는 한국이라는 나라에서 변화를 맞이하고 있는 '나'임을 잊으면 안 된다. 이 책이 초연결시대에 감성적 소통의 중요성과 필요성을 주장하는 것으로 시작해서 결국 인간적인 배려와 존중이라는 항로로 이어진 것은 이것이 한국적인 소통이기 때문이다.

이제는 막연한 정情이나 공동체의 소속감, 서열과 희생의 소통문화가 아니라 인간관계의 종과 횡이 서로 만나고 살피며 만들어가는 짜임새 있는 문화가 필요하다. 물론 문화라는 것이 계획한다고 만들어지는 것은 아니다. 살아가고자 하는 대로 그렇게 살아가다 보면 자연스럽게 창발創發되는 것이 문화다.

그러므로 나부터 노력을 기울이고 만나는 사람, 맺어가는 관계를 살뜰히 살펴가야 하겠다. 그러다 보면 시련이라는 비가 내려도 쉽게 젖지 않고, 갈등이라는 칼날이 파고들어도 찢기지 않는 튼튼한 소통의 문화가 만들어지지 않을까? 변화의 시대 속에서 더 나은 한국, 더 나은 한국인의 관계가 만들어지기를 '감히' 기대하며 이 책을 덮는다.

민현기

1장 ──────

1   김창규·박정순(2000년),『뇌 태교혁명』, 프리미엄북스.

2   이은정·김일·황선정(2011년), '패션브랜드의 내부마케팅 요소가 판매원의 직무만족과 고객지향성에 미치는 영향에 관한 연구', 한국패션디자인학회지, 11(3).

3   이한나(2016년), '고객접점에서의 내부고객의 서비스지향성과 제공수준에 영향을 미치는 요인에 관한 연구', 숭실대학교 경영대학원 석사논문.

4   최호규·심우극(2013년), '지방정부의 내부마케팅이 직무만족, 고객지향성, 서비스 제공수준에 미치는 영향', 고객만족경영연구, 15(4).

5   H. D. Lasswell.(1948년) 'The Structure and Function of Communication in Society', in Lyman Bruson(ed.), *The communication of Ideas*, New York: Harper & Bros, also reprinted in W. Schamm. 1960, *Mass*

communications, Urbana: University of Illinois Press.

6   김경용(1994년), 『기호학이란 무엇인가』, 민음사.

7   이창덕(2006년), '한국 가족의 의사소통 문제와 개선 방안', 한국화법학회, 9(0), p351-388.

8   이영혜·김현주(2014년), '비언어의 상호 동기화가 커뮤니케이션에 미치는 영향: 음성 언어와 몸짓 언어를 중심으로', 한국소통학보, 25, p153.

9   홍정선(2016년), '비언어 커뮤니케이션의 기호특성과 자아표현 연구: SNS 이모티콘을 중심으로', 커뮤니케이션학 연구, 24(3), p5-31.

10   Harvey, Jerry B.(1974년), 'The Abilene Paradox and other Meditations on Management', Organizational Dynamics 3(1): 63-80.

11   허경호(2009년), 소통학회 한국소통학회 토론회 발제집, p2-7.

12   이근용(2013년), '소통 개념 및 대상의 확대 가능성', 2013년 한국소통학회 가을정기학술대회 발제집, p115.

13   〈중앙일보(2019년 6월 10일)〉, '기생충 짜빠구리·종북개그… 칸 영화제서 빵빵 터진 비결'

2장 ──────

14   정태연(2010년), '한국사회의 집단주의적 성격에 대한 역사·문화적 분석', 한국심리학회, 24(3), p53-76.

15   한규석(2009년), 『사회심리학의 이해(3판)』, 학지사.

16   김정은(2011년), 『한국인의 문화간 의사소통』, 한국문화사.

17   Lee, Y. T. & Ottati, V.(1993년), 'Determinants of in-group and out-group perceptions of heterogeneity: An investigation of sino-american stereotypes. Journal of cross-cultural psychology', 24, p298-318.

18　〈한겨레(2013년 9월 3일)〉, '조종사들 소통 부재가 사고 불렀나? 사고 전 아시아나항공에 무슨 일이….'

19　Barnlund, D. C.(1989년), 『communicative styles of Japanese and Americans』, Wadsworth.

20　Yamada, H.(1990년), *Topic management and turn distribution in business meeting*, Text 10, p279-295.

21　정수현(2015년). '한국인의 衣食住에 내재된 열림의식', 한국사상과 문화, 78, p381-404.

22　신지은·서은국(2013년), "'행복'하면 떠오르는 것: 사회적 단어의 개수와 삶의 만족도의 문화차", 한국심리학회 연차 학술발표 논문집, 제1호, p192-192.

23　KBS 〈대한민국 행복의 조건(2013년)〉

24　정용환(2011년), '한국 감성의 개념사적 이해', 감성연구, 2(1), p57-84.

3장 ———

25　국제한국어교육학회(2010년), 『한국문화교육론』, 형설출판사, p25 재인용.

26　국가기록원, '다문화 사회'

27　장우심(2014년), '한국인 시어머니의 의사소통과 태도에 대한 지각이 고부관계에 미치는 영향', 지역사회복지학, 51, p71-101.

28　국립국어원 온라인 가나다

29　김기성(2013년), '감성과 사회, 문화 그리고 도덕-사회의 규정적 부정으로서 아름다운 감성에 관해', 감성연구, 7(0), p10.

30　조 내버로·마빈 칼린스(2010년), 『FBI 행동의 심리학』, 리더스북.

31　브레인미디어(2012년 5월 2일), '기억에 정서를 입히는 편도체', 브레인 Vol. 30.

32   Chartrand, T. L. & Bargh, J. A.(1999년), 'The chameleon effect: The perception-behavior link and social interaction', *Journal of Personality and Social Psychology 76*, p893-910.

4장 ───────

33   Lucas, S. E.(2008년), 『The art of public speaking(9th ed)』, New York, NY: McGraw Hill.

34   Markiewicz, D.(1974년), 'Effects of humor on persuasion', Sociometry, 37, p407-422.

35   〈사이언스(2009년 2월 27일)〉, '선거 예측, 아이들의 놀이Predicting Elections: Child's Play!'

36   안희준·조호정·남용석·한승호·정인혁·김인범(2013년), '한국인의 볼굴대 위치', 대한체질인류학회지, 26(4), p141-146.

37   Baumgartner, T., Heinrichs, M., Vonlanthen, A., Fischbacher, U. & Fehr, E.(2008년), 'Oxytocin shapes the neural circuitry of trust and trust adaptation in humans', N euron, 58(4), 639-650.

38   Rahim, M. A.(2002년), 'Toward a Theory of Managing Organizational conflicts', International Journal of Conflict Management, 13(3): 206-235.

39   〈동아사이언스(2018년)〉, '강석기의 과학카페-호흡은 어떻게 감정을 조절할까'

40   이준호·이진규(2010년), '집단주의 조직문화에서 창의적 성과를 위한 커뮤니케이션의 역할', 대한경영학회, 23(1), p183-203.

41   네이버 지식백과, 두산백과사전.

42   Miska Jenni, Hemmesch Amanda R.(2018년), 'Sugar, Spice, and

Everything Nice: Food Flavors, Attraction, and Romantic Interest',
Journal of Psychological Research. Spring, 23(1), p7-15.

43 Williams, L. E. & Bargh, J. A.(2008년), 'Experiencing physical warmth promotes interpersonal warmth', *Science*, 322, p606-607.

44 플루타르코스(2015년), 『그리스와 로마의 영웅들』, 돈을새김.

5장 ———

45 윤사순(2006년), '유학에 담긴 배려철학의 윤리적 성향', 오늘의 동양사상, 14, p223-240.

46 이승연·정규엽·정웅용(2013년), '호텔직원의 비언어적 커뮤니케이션이 직원평가와 고객만족 및 충성도에 미치는 영향', 호텔경영학연구, 22(6), p275-296.

47 동아닷컴(2015년 10월 20일), '헬조선 이유 있었네··· 한국인 삶의 만족도 OECD 최하위권'

48 Noddings, N.(1984년), 『Caring: A Feminine Approach to Ethics and Moral Education』, University of California Press.

■ 독자 여러분의 소중한 원고를 기다립니다

메이트북스는 독자 여러분의 소중한 원고를 기다리고 있습니다. 집필을 끝냈거나 집필중인 원고가 있으신 분은 khg0109@hanmail.net으로 원고의 간단한 기획의도와 개요, 연락처 등과 함께 보내주시면 최대한 빨리 검토한 후에 연락드리겠습니다. 머뭇거리지 마시고 언제라도 메이트북스의 문을 두드리시면 반갑게 맞이하겠습니다.

■ 메이트북스 SNS는 보물창고입니다

메이트북스 홈페이지 www.matebooks.co.kr

책에 대한 칼럼 및 신간정보, 베스트셀러 및 스테디셀러 정보뿐만 아니라 저자의 인터뷰 및 책 소개 동영상을 보실 수 있습니다.

메이트북스 유튜브 bit.ly/2qXrcUb

활발하게 업로드되는 저자의 인터뷰, 책 소개 동영상을 통해 책에서는 접할 수 없었던 입체적인 정보들을 경험하실 수 있습니다.

메이트북스 블로그 blog.naver.com/1n1media

1분 전문가 칼럼, 화제의 책, 화제의 동영상 등 독자 여러분을 위해 다양한 콘텐츠를 매일 올리고 있습니다.

메이트북스 네이버 포스트 post.naver.com/1n1media

도서 내용을 재구성해 만든 블로그형, 카드뉴스형 포스트를 통해 유익하고 통찰력 있는 정보들을 경험하실 수 있습니다.

STEP 1. 네이버 검색창 옆의 카메라 모양 아이콘을 누르세요. STEP 2. 스마트렌즈를 통해 각 QR코드를 스캔하시면 됩니다. STEP 3. 팝업창을 누르시면 메이트북스의 SNS가 나옵니다.